Trattato della Pittura - Parte II

LEONARDO DA VINCI

1733

TABLE OF CONTENTS

PARTE II. TRATTATO DELLA PITTURA

PARTE II. TRATTATO DELLA PITTURA

DEL PRIMO PRINCIPIO DELLA SCIENZA DELLA PITTURA

Il principio della scienza della pittura è il punto, il secondo è la linea, il terzo è la superficie, il quarto è il corpo che si veste di tal superficie; e questo è quanto a quello che si finge, cioè esso corpo che si finge, perché invero la pittura non si estende piú oltre che la superficie, per la quale si finge il corpo figura di qualunque cosa evidente.

PRINCIPIO DELLA SCIENZA DELLA PITTURA

La superficie piana ha tutto il suo simulacro in tutta l'altra superficie piana che le sta per obietto. Provasi, e sia rs la prima superficie piana, e oq sia la seconda superficie piana posta a riscontro alla prima; dico: ch'essa prima superficie rs è tutta in oq superficie e tutta in o e tutta in q e tutta in p, perché rs è bassa dall'angolo o e dall'angolo p e cosí d'infiniti angoli fatti in oq.

DEL SECONDO PRINCIPIO DELLA PITTURA

Il secondo principio della pittura è l'ombra del corpo, che per lei si finge, e di questa ombra daremo i principî, e con quelli procederemo nell'isculpire la predetta superficie.

IN CHE SI ESTENDE LA SCIENZA DELLA PITTURA

La scienza della pittura si estende in tutti i colori delle superficie e figure dei corpi da quelle vestiti, ed alle loro propinquità e remozioni con i debiti gradi di diminuzione secondo i gradi delle distanze; e questa scienza è madre della prospettiva, cioè linee visuali. La qual prospettiva si divide in tre parti, e di queste la prima contiene solamente i lineamenti de' corpi; la seconda tratta della diminuzione de' colori nelle diverse distanze; la terza, della perdita della congiunzione[1] de' corpi in varie distanze. Ma la prima, che sol si estende ne' lineamenti e termini de' corpi, è detta disegno, cioè figurazione di qualunque corpo. Da questa esce un'altra scienza che si estende in ombra e lume, o vuoi dire chiaro e scuro; la quale scienza è di gran discorso; ma quella delle linee visuali ha partorito la scienza dell'astronomia, la quale è semplice prospettiva, perché sono tutte linee visuali e piramidi tagliate.

NOTE

[1] In altre edizioni si legge: "cognizioni."

QUELLO CHE DEVE PRIMA IMPARARE IL GIOVANE

Il giovane deve prima imparare prospettiva; poi le misure d'ogni cosa; poi di mano di buon maestro, per assuefarsi a buone membra; poi dal naturale, per confermarsi la ragione delle cose imparate; poi vedere un tempo le opere di mano di diversi maestri; poi far abito a mettere in pratica ed operare l'arte.

QUALE STUDIO DEVE ESSERE NE' GIOVANI

Lo studio de' giovani, i quali desiderano di professionarsi[1] nelle scienze imitatrici di tutte le figure delle opere di natura, dev'essere circa il disegno accompagnato dalle ombre e lumi convenienti al sito dove tali figure sono collocate.

NOTE

[1] In altre edizioni: "perfezionarsi."

QUALE REGOLA SI DEVE DARE A' PUTTI PITTORI

Noi conosciamo chiaramente che la vista è delle piú veloci operazioni che sieno, ed in un punto vede infinite forme; nientedimeno non comprende se non una cosa per volta. Poniamo caso, tu, lettore, guardi in una occhiata tutta questa carta scritta, e subito giudicherai questa esser piena di varie lettere; ma non conoscerai in questo tempo che lettere sieno, né che vogliano dire; onde ti bisogna fare a parola a parola, verso per verso, a voler avere notizia d'esse lettere. Ancora, se vorrai montare all'altezza d'un edifizio, converratti salire a grado a grado, altrimenti sarà impossibile pervenire alla sua altezza. E cosí dico a te che la natura volge a quest'arte: se vuoi aver vera notizia delle forme delle cose, comincierai dalle particole di quelle, e non andare alla seconda, se prima non hai bene nella memoria e nella pratica la prima. E se farai altrimenti, getterai via il tempo, o veramente allungherai assai lo studio. E ricordoti che impari prima la diligenza che la prestezza.

DELLA VITA DEL PITTORE NEL SUO STUDIO

Acciocché la prosperità del corpo non guasti quella dell'ingegno, il pittore ovvero disegnatore dev'essere solitario, e massime quanto è intento alle speculazioni e considerazioni, che continuamente apparendo dinanzi agli occhi danno materia alla memoria di essere bene riservate. E se tu sarai solo, tu sarai tutto tuo, e se sarai accompagnato da un solo compagno, sarai mezzo tuo, e tanto meno quanto sarà maggiore la indiscrezione della sua pratica. E se sarai con piú, cadrai di piú in simile inconveniente; e se tu volessi dire: io farò a mio modo, io mi ritrarrò in parte per poter meglio speculare le forme delle cose naturali, dico questo potersi mal fare perché non potresti fare che spesso non prestassi orecchio alle loro ciancie. E non si può servire a due signori; tu faresti male l'ufficio del compagno e peggio l'effetto della speculazione dell'arte. E se tu dirai: io mi trarrò tanto in parte, che le loro parole non perverranno e non mi daranno impaccio, io in questo ti dico che saresti tenuto matto, ma vedi che cosí facendo tu saresti pur solo?

NOTIZIA DEL GIOVANE DISPOSTO ALLA PITTURA

Molti sono gli uomini che hanno desiderio ed amore al disegno, ma non disposizione, e questo sarà conosciuto ne' putti, i quali sono senza diligenza, e mai finiscono con ombre le loro cose.

PRECETTO

Non è laudabile quel pittore che non fa bene se non una cosa sola, come un nudo, testa, panni, o animali, o paesi, o simili particolari, imperocché non è sí grosso ingegno, che voltatosi ad una cosa sola, e quella sempre messa in opera, non la faccia bene.

IN CHE MODO DEVE IL GIOVANE PROCEDERE NEL SUO STUDIO

La mente del pittore si deve del continuo trasmutare in tanti discorsi quante sono le figure degli obieti notabili che dinanzi gli appariscono, ed a quelle fermare il passo e notarle, e far sopra esse regole, considerando il luogo, le circostanze, i lumi e le ombre.

DEL MODO DI STUDIARE

Studia prima la scienza, e poi seguita la pratica nata da essa scienza. Il pittore deve studiare con regola, e non lasciare cosa che non si metta alla memoria, e vedere che differenza è fra le membra degli animali e le loro giunture.

A CHE SIMILITUDINE DEV'ESSERE L'INGEGNO DEL PITTORE

L'ingegno del pittore vuol essere a similitudine dello specchio, il quale sempre si trasmuta nel colore di quella cosa ch'egli ha per obietto, e di tante similitudini si empie, quante sono le cose che gli sono contrapposte. Adunque conoscendo tu pittore non potere esser buono se non sei universale maestro di contraffare colla tua arte tutte le qualità delle forme che produce la natura, le quali non saprai fare se non le vedi e le ritrai nella mente, onde, andando tu per campagne, fa che il tuo giudizio si volti a' varî obietti, e di mano in mano riguarda or questa cosa, or quella, facendo un fascio di varie cose elette e scelte infra le men buone. E non fare come alcuni pittori, i quali, stanchi colla lor fantasia, dimetton l'opera, e fanno esercizio coll'andare a spasso, riservandosi una stanchezza nella mente, la quale, non che vogliano por mente a varie cose, ma spesse volte, incontrandosi negli amici e parenti, essendo da quelli salutati, non che li vedano o sentano, non altrimenti sono conosciuti come se non li scontrassero.

DEL GIUDIZIO DEL PITTORE

Tristo è quel maestro del quale l'opera avanza il giudizio suo. E quello si drizza alla perfezione dell'arte, del quale l'opera è superata dal giudizio.

DISCORSO DE' PRECETTI DEL PITTORE

Io ho veduto universalmente a tutti quelli che fan professione di ritrarre volti al naturale, che quel che fa più somigliare è più tristo componitore d'istorie che nessun altro pittore. E questo nasce perché quel che fa meglio una cosa gli è manifesto che la natura lo ha più disposto a quella tal cosa che ad un'altra e per questo n'ha avuto più amore, ed il maggior amore lo ha fatto più diligente; e tutto l'amore ch'è posto a una parte manca al tutto, perché s'è unito tutto il suo diletto in quella cosa sola, abbandonando l'universale pel particolare. Essendo la potenza di tale ingegno ridotta in poco spazio, non ha potenza nella dilatazione, e fa questo ingegno a similitudine dello specchio concavo, il quale pigliando i raggi del sole, quando riflette essa quantità di raggi in maggiore somma di dilatazione, li rifletterà con piú tepida caldezza, e quando esso le riflette tutti in minore luogo, allora tali raggi sono d'immensa caldezza, ma adopera in poco luogo. Tal fanno questi tali pittori non amando altra parte della pittura che il solo viso dell'uomo; e peggio è che non conoscono altra parte nell'arte di che essi facciano stima, o che abbiano giudizio, e le loro cose essendo senza movimento, per essere ancora loro pigri e di poco moto, biasimano quella cosa che ha i movimenti maggiori e piú pronti di quelli che sono fatti da lui; dicendo quelli parere spiritati e maestri di moresche. Vero è che si deve osservare il decoro, cioè che i movimenti sieno annunziatori del moto dell'animo del motore, cioè se si ha a figurare uno ch'abbia a dimostrare una timorosa reverenza, ch'ella non sia fatta con tale audacia e prosunzione che tale effetto paia disperazione, o che faccia un comandamento,[1] come io vidi a questi giorni un angelo che pareva nel suo annunziare che volesse cacciare la Nostra Donna dalla sua camera, con movimenti che dimostravano tanto d'ingiuria, quanto far si potesse a un vilissimo nimico. E la Nostra Donna parea che si volesse, come disperata, gettarsi giú da una finestra. Sicché siati a memoria di non cadere in tali difetti.

Di questa cosa io non farò scusa con nessuno, perché se un fa credere che io dica a lui, perché ciascuno che fa a suo modo si condanna, e pargli far bene, e questo conoscerai in quelli che fanno una pratica senza mai pigliar consiglio dalle opere di natura, e solo son vòlti a fare assai, e per un soldo piú di guadagno la giornata cucirebbero piú presto scarpe che dipingere. Ma di questi non mi estendo in piú lungo discorso, perché non li accetto nell'arte, figliuola della natura. Ma per parlar de' pittori e loro giudizi, dico che a quello che troppo muove le sue figure gli pare che quello che le muove quanto si conviene faccia figure addormentate, e quello che le muove poco, gli pare che quello che fa il debito e conveniente movimento sieno spiritate. E per questo il pittore deve considerare i modi di quegli uomini che parlano insieme freddamente o caldamente, ed intendere la materia di che parlano, e vedere se gli atti sono appropriati alle materie loro.

Il pittore dev'essere solitario e considerar ciò ch'esso vede e parlare con sé eleggendo le parti piú eccellenti delle specie di qualunque cosa egli vede; facendo a similitudine dello specchio, il quale si tramuta in tanti colori, quanti sono quelli delle cose che gli si pongono dinanzi; e facendo cosí, gli parrà essere seconda natura.

NOTE

[1] Alla parola "comandamento" segue nel codice la particella "dello" e quindi una breve lacuna.

PRECETTO DEL PITTORE

Se tu, pittore, t'ingegnerai di piacere ai primi pittori, tu farai bene la tua pittura, perché sol quelli sono che con verità ti potran sindacare. Ma se tu vorrai piacere a quelli che non son maestri, le tue pitture avranno pochi scorti, e poco rilievo, o movimento pronto, e per questo mancherai in quella parte di che la pittura è tenuta arte eccellente, cioè del far rilevare quel ch'è nulla in rilievo. E qui il pittore avanza lo scultore, il quale non dà maraviglia di sé in tale rilievo, essendo fatto dalla natura quel che il pittore colla sua arte si acquista.

PRECETTI DEL PITTORE

Quello non sarà universale che non ama egualmente tutte le cose che si contengono nella pittura; come se uno non gli piace i paesi, esso stima quelli esser cosa di breve e semplice investigazione, come disse il nostro Botticella, che tale studio era vano, perché col solo gettare di una spugna piena di diversi colori in un muro, essa lascia in esso muro una macchia, dove si vede un bel paese. Egli è ben vero che in tale macchia si vedono varie invenzioni di ciò che l'uomo vuole cercare in quella, cioè teste d'uomini, diversi animali, battaglie, scogli, mari, nuvoli e boschi ed altre simili cose; e fa come il suono delle campane, nelle quali si può intendere quelle dire quel che a te pare. Ma ancora ch'esse macchie ti dieno invenzione, esse non t'insegnano finire nessun particolare. E questo tal pittore fece tristissimi paesi.

DELL'ESSERE UNIVERSALE NELLE SUE OPERE

Tu, pittore, per essere universale e piacere a' diversi giudizi, farai in un medesimo componimento che vi siano cose di grande oscurità e di gran dolcezza di ombre, facendo però note le cause di tali ombre e dolcezze.

PRECETTO

Quel pittore che non dubita, poco acquista. Quando l'opera supera il giudizio dell'operatore, esso operante poco acquista. E quando il giudizio supera l'opera, essa opera mai finisce di migliorare, se l'avarizia non l'impedisce.

PRECETTI DEL PITTORE

Il pittore deve prima suefare la mano col ritrarre disegni di mano de' buoni maestri, e fatta detta suefazione col giudizio del suo precettore, deve di poi suefarsi col ritrarre cose di rilievo buone, con quelle regole che del ritrar di rilievo si dirà.

PRECETTO INTORNO AL DISEGNO DELLO SCHIZZARE STORIE E FIGURE

Il bozzar delle storie sia pronto, e il membrificare non sia troppo finito; sta contento solamente a' siti di esse membra, le quali poi a bell'agio piacendoti potrai finire.

DELL'OPERATORE DELLA PITTURA E SUOI PRECETTI

Ricordo a te, pittore, che quando col tuo giudizio o per altrui avviso scopri alcuni errori nelle opere tue, che tu li ricorregga, acciocché nel pubblicare tale opera tu non pubblichi insieme con quella la materia tua; e non ti scusare con te medesimo, persuadendoti di restaurare la tua infamia nella succedente tua opera, perché la pittura non muore immediate dopo la sua creazione come fa la musica, ma lungo tempo darà testimonianza dell'ignoranza tua. E se tu dirai che per ricorreggere ci vuol tempo, mettendo il quale in un'altra opera tu guadagneresti assai, tu hai ad intendere che la pecunia guadagnata soprabbondante all'uso del nostro vivere non è molta, e se tu ne vuoi in abbondanza, tu non la finisci di adoperare, e non è tua; e tutto il tesoro che non si adopera è nostro a un medesimo modo; e ciò che tu guadagni che non serve alla vita tua è in man d'altri senza tuo grado. Ma se tu studierai e ben limerai le opere tue col discorso delle due prospettive, tu lascierai opere che ti daranno piú onore che la pecunia, perché essa sola per sé si onora e non colui che la possiede, il quale sempre si fa calamita d'invidia e cassa di ladroni, e manca la fama del ricco insieme colla sua vita, resta la fama del tesoro e non del tesaurizzante. E molto maggior gloria è quella della virtú de' mortali, che quella dei loro tesori. Quanti imperatori e quanti principi sono passati che non ne resta alcuna memoria, perché solo cercarono gli stati e ricchezze per lasciare fama di loro? Quanti furono quelli che vissero in povertà di danari per arricchire di virtú? E tanto piú è riuscito tal desiderio al virtuoso che al ricco, quanto la virtú eccede essa ricchezza. Non vedi tu che il tesoro per sé non lauda il suo cumulatore dopo la sua vita, come fa la scienza, la quale sempre è testimone e tromba del suo creatore, perché ella è figliuola di chi la genera, e non figliastra com'è la pecunia? E se tu dirai poter satisfare piú a' tuoi desiderî della gola e lussuria mediante esso tesoro e non per la virtú, va considerando gli altri che sol han servito ai sozzi desiderî del corpo, come gli altri brutti animali; qual fama resta di loro? E se tu ti scuserai, per avere a combattere colla necessità, non avere tempo a studiare, e farti vero nobile, non incolpare se non te medesimo; perché solo lo studio della virtú è pasto dell'anima e del corpo. Quanti sono i filosofi nati ricchi che hanno diviso i tesori da sé, per non essere vituperati da quelli! E se tu ti scusassi co' figliuoli, che ti bisogna nutrire, piccola cosa basta a quelli, ma fa che il nutrimento sieno le virtú, le quali sono fedeli ricchezze, perché quelle non ci lasciano se non insieme colla vita. E se tu dirai che vuoi far prima un capitale di pecunia, che sia dote della vecchiezza tua, questo studio mai mancherà, e non ti lascierà invecchiare, e il ricettacolo delle virtú sarà pieno di sogni e vane speranze.

Nessuna cosa è che piú c'inganni che il nostro giudizio se s'adopera nel dare sentenza delle nostre operazioni; esso è buono nel giudicare le cose de' nimici e degli amici no, perché odio e amicizia sono due de' piú potenti accidenti che sieno appresso agli animali. E per questo tu, o pittore, sii vago di non sentire men volentieri quello che i tuoi avversari dicono delle tue opere, che del sentire quello che dicono gli amici, perché è piú potente l'odio che l'amore, perché esso odio ruina e distrugge l'amore. Se chi ti giudica è vero amico, egli è un altro te medesimo. Il contrario trovi nel nimico, e l'amico si potrebbe ingannare. Evvi poi una terza specie di giudizi, che mossi d'invidia partoriscono l'adulazione che lauda il principio delle buone opere, acciocché la bugia accechi l'operatore.

MODO D'AUMENTARE E DESTARE L'INGEGNO A VARIE INVENZIONI

Non resterò di mettere fra questi precetti una nuova invenzione di speculazione, la quale, benché paia piccola e quasi degna di riso, nondimeno è di grande utilità a destare l'ingegno a varie invenzioni. E questa è se tu riguarderai in alcuni muri imbrattati di varie macchie o in pietre di varî misti. Se avrai a invenzionare qualche sito, potrai lí vedere similitudini di diversi paesi, ornati di montagne, fiumi, sassi, alberi, pianure grandi, valli e colli in diversi modi; ancora vi potrai vedere diverse battaglie ed atti pronti di figure strane, arie di volti ed abiti ed infinite cose, le quali tu potrai ridurre in integra e buona forma; che interviene in simili muri e misti, come del suono delle campane, che ne' loro tocchi vi troverai ogni nome e vocabolo che tu t'immaginerai.

Non isprezzare questo mio parere, nel quale ti si ricorda che non ti sia grave il fermarti alcuna volta a vedere nelle macchie de' muri, o nella cenere del fuoco, o nuvoli o fanghi, od altri simili luoghi, ne' quali, se ben saranno da te considerati, tu troverai invenzioni mirabilissime, che destano l'ingegno del pittore a nuove invenzioni sí di componimenti di battaglie, d'animali e d'uomini, come di varî componimenti di paesi e di cose mostruose, come di diavoli e simili cose, perché saranno causa di farti onore; perché nelle cose confuse l'ingegno si desta a nuove invenzioni. Ma fa prima di sapere ben fare tutte le membra di quelle cose che vuoi figurare, cosí le membra degli animali come le membra de' paesi, cioè sassi, piante e simili.

DELLO STUDIARE INSINO QUANDO TI DESTI, O INNANZI TU TI DORMENTI NEL LETTO ALLO SCURO

Ancora ho provato essere di non poca utilità, quando ti trovi allo scuro nel letto, andare colla immaginativa ripetendo i lineamenti superficiali delle forme per l'addietro studiate, o altre cose notabili da sottile speculazione comprese, ed è questo proprio un atto laudabile ed utile a confermarsi le cose nella memoria.

PIACERE DEL PITTORE

La deità che ha la scienza del pittore fa che la mente del pittore si trasmuta in una similitudine di mente divina; imperocché con libera potestà discorre alla generazione di diverse essenze di varî animali, piante, frutti, paesi, campagne, ruine di monti, luoghi paurosi e spaventevoli, che danno terrore ai loro risguardatori, ed ancora luoghi piacevoli, soavi e dilettevoli di fioriti prati con varî colori, piegati da soavi onde de' soavi moti de' venti, riguardando dietro al vento che da loro si fugge; fiumi discendenti cogli empiti de' gran diluvi[1] dagli alti monti, che si cacciano innanzi le diradicate piante, miste co' sassi, radici, terra e schiuma, cacciandosi innanzi ciò che si contrappone alla loro ruina; ed il mare colle sue procelle contende e fa zuffa co' venti, che con quella combattono, levandosi in alto colle superbe onde, e cade, e di quelle ruinando sopra del vento che percuote le sue basse; e loro richiudendo e incarcerando sotto di sé, quello straccia e divide, mischiandolo colle sue torbide schiume, con quello sfoga l'arrabbiata sua ira, ed alcuna volta superato dai venti si fugge dal mare scorrendo per le alte ripe de' vicini promontorî, dove, superate le cime de' monti, discende nelle opposite valli, e parte se ne mischia in aere, predata dal furore de' venti, e parte ne fugge dai venti ricadendo in pioggia sopra del mare, e parte ne discende ruinosamente dagli alti promontorî, cacciandosi innanzi ciò che si oppone alla sua ruina, e spesso si scontra nella sopravegnente onda, e con quella urtandosi si leva al cielo, empiendo l'aria di confusa e schiumosa nebbia, la quale ripercossa dai venti nelle sponde de' promontorî genera oscuri nuvoli, i quali si fan preda del vento vincitore.

NOTE

[1] Nel codice vaticano si legge in margine la seguente postilla: "Qua mi

ricordo della mirabile descrizione del diluvio dell'Autore."

DE' GIUOCHI CHE DEBBONO FARE I DISEGNATORI

Quando vorrete, o voi disegnatori, pigliare da' giuochi qualche utile sollazzo, è da usare sempre cose al proposito della vostra professione, cioè del fare buon giudizio di occhio, del saper giudicare la verità delle larghezze e lunghezze delle cose; e per assuefare lo ingegno a simili cose faccia uno di voi una linea retta a caso su un muro, e ciascuno di voi tenga una sottile festuca, o paglia in mano, e ciascuno tagli la sua alla lunghezza che gli pare abbia la prima linea, stando lontani per ispazio di dieci braccia, e poi ciascuno vada all'esempio a misurare con quella la sua giudiziale misura; e quello che piú si avvicina colla sua misura alla lunghezza dell'esempio sia superiore e vincitore ed acquisti da tutti il premio che innanzi da voi fu ordinato. Ancora si deve pigliare misure scortate, cioè pigliare un dardo o canna, e riguardare dinanzi ad essa una certa distanza, e ciascuno col suo giudizio stimi quante volte quella misura entri in quella distanza; ed ancora chi tira meglio una linea d'un braccio, e sia provata con filo tirato. E simili giuochi sono cagione di fare buon giudizio d'occhio, il quale è il principale atto della pittura.

CHE SI DEVE PRIMA IMPARARE LA DILIGENZA CHE LA PRESTA PRATICA

Quando tu, disegnatore, vorrai far buono ed utile studio, usa nel tuo disegnare di fare adagio; e giudicare infra i lumi quali e quanti tengano il primo grado di chiarezza, e similmente infra le ombre quali sieno quelle che sono piú scure che le altre, ed in che modo si mischiano insieme, e le quantità; e paragonare l'una coll'altra, ed i lineamenti a che parte si drizzino, e nelle linee quanta parte di esse torce per l'uno o l'altro verso, e dove è piú o meno evidente, e cosí larga o sottile; ed in ultimo che le tue ombre e lumi sieno uniti senza tratti o segni ad uso di fumo. E quando tu avrai fatto la mano e il giudizio a questa diligenza, verratti fatta tanto presto la pratica che tu non te ne avvedrai.

S'EGLI È MEGLIO DISEGNARE IN COMPAGNIA O NO

Dico e confermo che il disegnare in compagnia è molto meglio che solo, per molte ragioni. La prima è che tu ti vergognerai di esser visto nel numero dei disegnatori essendo insufficiente, e questa vergogna sarà cagione di buono studio; secondariamente, la invidia buona ti stimolerà ad essere nel numero de' piú laudati di te, ché l'altrui laude ti spronerà; l'altra è che tu piglierai degli atti di chi farà meglio di te; e se sarai meglio degli altri, farai profitto di schivare i mancamenti, e l'altrui laude accrescerà la tua virtú.

MODO DI BENE IMPARARE A MENTE

Quando tu vorrai sapere una cosa studiata bene a mente, tieni questo modo: cioè quando tu hai disegnato una cosa medesima tante volte che ti paia averla a mente, prova a farla senza lo esempio; ed abbi lucidato sopra un vetro sottile e piano lo esempio suo, e lo porrai sopra la cosa che hai fatto senza lo esempio; e nota bene dove il lucido non si scontra col disegno tuo; e dove trovi avere errato, lí tieni a mente di non errare piú, anzi ritorna all'esempio a ritrarre tante volte quella parte errata, che tu l'abbia bene nella immaginativa. E se per lucidare una cosa tu non potessi avere un vetro piano, togli una carta di capretto sottilissima e bene unta e poi seccata; e quando l'avrai adoperata per un disegno, potrai colla spugna cancellarla e fare il secondo.

COME IL PITTORE NON È LAUDABILE S'EGLI NON È UNIVERSALE

Alcuni si può chiaramente dire che s'ingannano, i quali chiamano buon maestro quel pittore il quale solamente fa bene una testa o una figura. Certo non è gran fatto che, studiando una sola cosa tutto il tempo della sua vita, non ne venga a qualche perfezione; ma conoscendo noi che la pittura abbraccia e contiene in sé tutte le cose che produce la natura, e che conduce l'accidentale operazione degli uomini, ed in ultimo ciò che si può comprendere cogli occhi, mi pare un tristo maestro quello che solo una figura fa bene. Or non vedi tu quanti e quali atti sieno fatti dagli uomini? Non vedi tu quanti diversi animali, e cosí alberi ed erbe e fiori e varietà di siti montuosi e piani, fonti, fiumi, città, edifizi pubblici e privati, strumenti opportuni all'uso umano, varî abiti ed ornamenti ed arti? Tutte queste cose appartengono di essere di pari operazione e bontà usate da quello che tu vuoi chiamare buon pittore.

DELLA TRISTA SUASIONE DI QUELLI CHE FALSAMENTE SI FANNO CHIAMARE PITTORI

Vi ha una certa generazione di pittori, i quali per loro poco studio bisogna che vivano sotto la bellezza dell'oro e dell'azzurro. Con somma stoltizia allegano costoro non mettere in opera le buone cose per tristi premî, e che saprebbero ancora loro far bene come un altro quando fossero ben pagati. Or vedi gente stolta! Non sanno questi tali tenere qualche opera buona dicendo: questa è da buon premio, e questa è da mezzano, e questa da sorte, e mostrare d'avere opere d'ogni premio?

COME IL PITTORE DEV'ESSER VAGO DI UDIRE, NEL FARE DELL'OPERA, IL GIUDIZIO DI OGNUNO

Certamente non è da ricusare mentre che l'uomo dipinge il giudizio di ciascuno, perocché noi conosciamo chiaro che l'uomo, benché non sia pittore, avrà notizia della forma dell'altro uomo, e ben giudicherà s'egli è gobbo o s'egli ha una spalla alta o bassa, o s'egli ha gran bocca o naso od altri mancamenti. Se noi conosciamo gli uomini poter con verità giudicare le opere della natura, quanto maggiormente ci converrà confessare questi poter giudicare i nostri errori, ché sappiamo quanto l'uomo s'inganna nelle sue opere; e se non lo conosci in te, consideralo in altrui, e farai profitto degli altrui errori. Sicché sii vago con pazienza udire l'altrui opinione; e considera bene e pensa bene se il biasimatore ha cagione o no di biasimarti; e se trovi di sí, racconcia, e se trovi di no, fa vista di non l'avere inteso; o, s'egli è uomo che tu stimi, fagli conoscere per ragione ch'egli s'inganna.

COME NELLE OPERE D'IMPORTANZA L'UOMO NON SI DEVE MAI FIDARE TANTO NELLA SUA MEMORIA, CHE NON DEGNI RITRARRE DAL NATURALE

Quel maestro il quale si desse d'intendere di poter riservare in sé tutte le forme e gli effetti della natura, certo mi parrebbe che fosse ornato di molta ignoranza; conciossiacosaché detti effetti sono infiniti, e la memoria nostra non è di tanta capacità che basti. Adunque tu, pittore, guarda che la cupidità del guadagno non superi in te l'onore dell'arte, ché il guadagno dell'onore è molto maggiore che l'onore delle ricchezze. Sicché per queste ed altre ragioni che si potrebbero dire, attenderai prima col disegno a dare con dimostrativa forma all'occhio la intenzione e la invenzione fatta in prima nella tua immaginativa. Dipoi va levando e ponendo tanto, che tu ti satisfaccia; di poi fa acconciare uomini vestiti o nudi, nel modo che in sull'opera hai ordinato, e fa che per misura e grandezza sottoposta alla prospettiva, non passi niente dell'opera che bene non sia considerata dalla ragione e dagli effetti naturali. E questa sarà la via da farti onorare della tua arte.

DI QUELLI CHE BIASIMANO CHI DISEGNA ALLE FESTE, E CHE INVESTIGA LE OPERE DI DIO

Sono infra il numero degli stolti una certa setta, detti ipocriti, che al continuo studiano d'ingannare sé ed altri, ma piú altri che sé; ma in vero ingannano piú loro stessi che gli altri. E questi son quelli che riprendono i pittori, i quali studiano i giorni delle feste nelle cose appartenenti alla vera cognizione di tutte le figure che hanno le opere di natura, e con sollecitudine s'ingegnano di acquistare la cognizione di quelle, quanto a loro sia possibile. Ma tacciano tali riprensori, ché questo è il modo di conoscere l'operatore di tante mirabili cose, e questo è il modo di amare un tanto inventore, perché invero il grande amore nasce dalla gran cognizione della cosa che si ama, e se tu non la conoscerai, poco o nulla la potrai amare. E se tu l'ami per il bene che t'aspetti da lei, e non per la somma sua virtú, tu fai come il cane che mena la coda e fa festa alzandosi verso colui che gli può dare un osso, ma se conoscesse la virtú di tale uomo l'amerebbe assai piú, se tal virtú fosse al suo proposito.

DELLE VARIETÀ DELLE FIGURE

Il pittore deve cercare d'essere universale, perché gli manca assai dignità se fa una cosa bene e l'altra male: come molti che solo studiano nel nudo misurato e proporzionato, e non ricercano la sua varietà; perché può un uomo essere proporzionato ed esser grosso e corto o lungo e sottile o mediocre, e chi di questa varietà non tien conto fa sempre le sue figure in stampa, che pare che sieno tutte sorelle, la qual cosa merita grande riprensione.

DELL'ESSERE UNIVERSALE

Facil cosa è all'uomo che sa, farsi universale, imperocché tutti gli animali terrestri hanno similitudine di membra, cioè muscoli, nervi ed ossa, e nulla variano, se non in lunghezza, o in grossezza, come sarà dimostrato nell'anatomia. Degli animali d'acqua, che sono di molta varietà, e cosí degli insetti, non persuaderò il pittore che vi faccia regola, perché sono d'infinite varietà.

DELL'ERRORE DI QUELLI CHE USANO LA PRATICA SENZA LA SCIENZA

Quelli che s'innamorano della pratica senza la scienza, sono come i nocchieri che entrano in naviglio senza timone o bussola, che mai hanno certezza dove si vadano. Sempre la pratica dev'essere edificata sopra la buona teorica, della quale la prospettiva è guida e porta, e senza questa nulla si fa bene.

DELL'IMITARE PITTORI

Dico ai pittori che mai nessuno deve imitare la maniera dell'altro, perché sarà detto nipote e non figliuolo della natura; perché, essendo le cose naturali in tanta larga abbondanza, piuttosto si deve ricorrere ad essa natura che ai maestri, che da quella hanno imparato. E questo dico non per quelli che desiderano mediante quella pervenire a ricchezze, ma per quelli che di tal arte desiderano fama e onore.

ORDINE DEL DISEGNARE

Ritrai prima disegni di buon maestro fatto sull'arte sul naturale e non di pratica; poi di rilievo, in compagnia del disegno ritratto da esso rilievo; poi di buono naturale, il quale devi mettere in uso.

DEL RITRARRE DI NATURALE

Quando hai da ritrarre di naturale, sta lontano tre volte la grandezza della cosa che tu ritrai.

DEL RITRARRE UNA QUALUNQUE COSA

Fa che quando ritrai, o che tu muovi alcun principio di linea, che tu guardi per tutto il corpo che tu ritrai qualunque cosa si scontra per la dirittura della principiata linea.

Nota nel tuo ritrarre, come infra le ombre sono ombre insensibili di oscurità e di figura; e questo si prova per la terza, che dice: le superficie globulenti sono di tante varie oscurità e chiarezze quante sono le varietà delle oscurità e chiarezze che loro stanno per obietto.

COME DEVE ESSERE ALTO IL LUME DA RITRARRE DI NATURALE

Il lume da ritrarre di naturale vuol essere a tramontana, acciò non faccia mutazione; e se lo fai a mezzodí, tieni finestra impannata, acciocché il sole illuminando tutto il giorno non faccia mutazione. L'altezza del lume dev'essere in modo situata, che ogni corpo faccia tanto lunga l'ombra sua per terra, quanto è a sinistra la sua altezza.

QUALI LUMI SI DEBBONO ELEGGERE PER RITRARRE LE FIGURE DE' CORPI

Le figure di qualunque corpo ti costringono a pigliar quel lume nel quale tu fingi essere esse figure: cioè, se tu fingi tali figure in campagna, elle son cinte da gran somma di lume, non vi essendo il sole scoperto; e se il sole vede dette figure, le sue ombre saranno molto oscure rispetto alle parti illuminate, e saranno ombre di termini espediti, cosí le primitive come le derivative; e tali ombre saranno poco compagne de' lumi, perché da un lato illumina l'azzurro dell'aria e tinge di sé quella parte ch'essa vede; e questo assai si manifesta nelle cose bianche: e quella parte ch'è illuminata dal sole si dimostra partecipare del colore del sole; e questo vedrai molto speditamente, quando il sole cala all'orizzonte, infra il rossore de' nuvoli, ch'essi nuvoli si tingono del colore che li illumina; il quale rossore de' nuvoli, insieme col rossore del sole, fa rosseggiare ciò che piglia lume da loro; e la parte de' corpi che non vede esso rossore, resta del color dell'aria; e chi vede tali corpi, giudica quelli essere di due colori; e da questo tu non puoi fuggire che, mostrando la causa di tali ombre e lumi, tu non faccia le ombre e i lumi partecipanti delle predette cause, se no l'operazione tua è vana e falsa. E se la tua figura è in casa oscura, e tu la vedi di fuori, questa tal figura ha le ombre oscure sfumate, stando tu per la linea del lume; e questa tal figura ha grazia, e fa onore al suo imitatore per esser essa di gran rilievo e le ombre dolci e sfumose, e massime in quella parte dove manco vedi l'oscurità dell'abitazione, imperocché quivi sono le ombre quasi insensibili; e la cagione sarà detta al suo luogo.

DELLE QUALITÀ DEL LUME PER RITRARRE RILIEVI NATURALI O FINTI

Il lume tagliato dalle ombre con troppa evidenza è sommamente biasimato da' pittori, onde, per fuggire tale inconveniente, se tu dipingi i corpi in campagna aperta, farai le figure non illuminate dal sole, ma fingerai alcuna qualità di nebbia o nuvoli trasparenti essere interposti infra l'obietto ed il sole, onde, non essendo la figura del sole espedita, non saranno espediti i termini delle ombre co' termini de' lumi.

DEL RITRARRE I NUDI

Quando ritrai i nudi, fa che sempre li ritragga interi, e poi finisci quel membro che ti par migliore, e quello con le altre membra metti in pratica; altrimenti faresti uso di non appiccar mai le membra bene insieme. Non usar mai far la testa volta dove è il petto, né il braccio andare come la gamba: e se la testa si volta alla spalla destra, fa le sue parti piú basse dal lato sinistro che dal destro; e se fai il petto infuori, fa che, voltandosi la testa sul lato sinistro, le parti del lato destro sieno piú alte che le sinistre.

DEL RITRARRE DI RILIEVO FINTO O DI NATURALE

Colui che ritrae di rilievo, si deve acconciare in modo tale, che l'occhio della figura ritratta sia al pari dell'occhio di quello che ritrae; e questo si farà ad una testa, la quale tu avessi a ritrarre di naturale, perché universalmente le figure ovvero persone che scontri per le strade hanno gli occhi all'altezza de' tuoi, e se tu li facessi o piú alti o piú bassi, verresti a dissimigliare il tuo ritratto.

MODO DI RITRARRE UN SITO COL VETRO

Abbi un vetro grande come un mezzo foglio reale, e quello ferma bene dinanzi agli occhi tuoi, cioè tra l'occhio e la cosa che tu vuoi ritrarre; poi poniti lontano con l'occhio al detto vetro due terzi di braccio, e ferma la testa con un istrumento, in modo che tu non possa muoverla punto. Dipoi serra, o copriti un occhio, e col pennello o con il lapis a matite segna sul vetro ciò che di là appare, e poi lucida con carta tal vetro, e spolverizzalo sopra buona carta, e dipingila, se ti piace, usando bene di poi la prospettiva aerea.

DOVE SI DEBBONO RITRARRE I PAESI

I paesi si debbon ritrarre in modo che gli alberi sieno mezzi illuminati, e mezzi ombrati; ma meglio è farli quando il sole è occupato da nuvoli, ché allora gli alberi s'illuminano dal lume universale del cielo e dall'ombra universale della terra; e questi sono tanto piú oscuri nelle lor parti, quanto esse parti sono piú vicine al mezzo dell'albero e della terra.

DEL RITRARRE LE OMBRE DE' CORPI AL LUME DI CANDELA O DI LUCERNA

A questo lume di notte sia interposto il telaio con carta lucida, o senza lucidarla, ma solo un intero foglio di cancelleresca; e vedrai le tue ombre fumose, cioè non terminate; e il lume senza interposizione di carta ti faccia lume alla carta ove disegni.

IN CHE TERMINE SI DEBBA RITRARRE UN VOLTO A DARGLI GRAZIA D'OMBRE E LUMI.

Grandissima grazia d'ombre e di lumi s'aggiunge ai visi di quelli che seggono sulle porte di quelle abitazioni che sono oscure, e gli occhi del riguardatore vedono la parte ombrosa di tali visi essere oscurata dalle ombre della predetta abitazione, e vedono alla parte illuminata del medesimo viso aggiunta la chiarezza che le dà lo splendore dell'aria: per la quale aumentazione di ombre e di lumi il viso ha gran rilievo, e nella parte illuminata le ombre quasi insensibili, e nella parte ombrosa i lumi quasi insensibili; e di questa tale rappresentazione e aumentazione d'ombre e di lumi il viso acquista assai di bellezza.

MODO DI RITRARRE D'OMBRA SEMPLICE E COMPOSTA

Non ritrarre una figura in casa col lume particolare finta al lume universale delle campagne senza sole, perché la campagna fa ombra semplice, e il lume particolare di finestra o di sole fa ombra composta, cioè mista con riflessi.

DEL LUME DOVE SI RITRAGGONO LE INCARNAZIONI DE' VOLTI, O IGNUDI

Questa abitazione vuol essere scoperta all'aria, con le pareti di colore incarnato, ed i ritratti si facciano di estate, quando i nuvoli coprono il sole: o veramente farai la parete meridionale tanto alta, che i raggi del sole non percuotano la parete settentrionale, acciocché i suoi raggi riflessi non guastino le ombre.

DEL RITRARRE FIGURE PER ISTORIE

Sempre il pittore deve considerare nella parete che ha da istoriare l'altezza del sito dove vuole collocare le sue figure; e ciò ch'egli ritrae di naturale a detto proposito, stare tanto l'occhio piú basso che la cosa ch'egli ritrae quanto detta cosa sarà messa in opera piú alta che l'occhio del riguardatore, altrimenti l'opera sarà reprobabile.

A IMPARARE A FAR BENE UN POSATO

Se ti vuoi assuefare bene ai retti e buoni posati delle figure, ferma un quadro ovvero telaio, dentro riquadrato con fila, infra l'occhio tuo e il nudo che ritrai, e quei medesimi quadri farai sulla carta dove vuoi ritrarre detto nudo sottilmente; di poi poni una pallottola di cera in una parte della rete, che ti serva per una mira, la quale sempre nel riguardare il nudo scontrerai nella fontanella della gola, e se fosse volta di dietro, scontrala con un nodo del collo; e queste fila t'insegneranno tutte le parti del corpo che in ciascun atto si trovano sotto la fontanella della gola, sotto gli angoli delle spalle, sotto le tette, i fianchi ed altre parti del corpo; e le linee traverse della rete ti mostreranno quanto è piú alto nel posare sopra una gamba[1] che l'altra, e cosí i fianchi, le ginocchia ed i piedi.
Ma ferma sempre la rete per linea perpendicolare, ed in effetto, tutte le parti che tu vedi che il nudo piglia della rete, fa che il tuo nudo disegnato pigli della rete disegnata. I quadri disegnati possono essere tanto minori che quelli della rete, quanto tu vuoi che la tua figura sia minore che la naturale. Di poi tienti a mente, nelle figure che farai, la regola dello scontro delle membra come te le mostrò la rete; la quale dev'essere alta tre braccia e

mezzo, e larga tre, distante da te braccia sette, ed appresso al nudo braccia uno.

NOTE

[1] L'edizione viennese propone l'aggiunta: "l'una delle spalle."

IN QUAL TEMPO SI DEVE STUDIARE LA ELEZIONE DELLE COSE

Le veglie dell'invernata devono essere dai giovani usate negli studi delle cose apparecchiate la state, cioè si deve riunire insieme tutti i nudi fatti nella state, e fare elezione delle migliori membra e migliori corpi e metterli in pratica e bene a mente.

DELLE ATTITUDINI

Poi alla seguente state farai elezione di qualcuno che stia bene in sulla vita, e che non sia allevato in giuppone, acciocché la persona non sia striata, ed a quello farai fare atti leggiadri e galanti; e se questo non mostrasse bene i muscoli dentro i termini delle membra, non monta niente; bastiti solamente avere da lui le buone attitudini; e le membra ricorreggi con quelle che studiasti la invernata.

PER RITRARRE UN IGNUDO DAL NATURALE OD ALTRA COSA

Usa tenere in mano un filo con un piombo pendente, per poter vedere gli scontri delle cose.

MISURE O COMPARTIZIONI DELLA STATUA

Dividi la testa in dodici gradi, e ciascun grado dividi in dodici punti, e ciascun punto in dodici minuti, ed i minuti in minimi, ed i minimi in semiminimi.

MODO DI RITRARRE DI NOTTE UN RILIEVO

Fa che tu metti una carta non troppo lucida infra il rilievo ed il lume, ed avrai buon ritrarre.

COME IL PITTORE SI DEVE ACCONCIARE AL LUME COL SUO RILIEVO

ab sia la finestra, m sia il punto del lume; dico che in qualunque parte il pittore si stia, egli starà bene, purché l'occhio sia infra la parte ombrosa e la luminosa del corpo che si ritrae: il qual luogo troverai ponendoti infra il punto m e la divisione che fa l'ombra dal lume sopra il corpo ritratto.

DELLA QUALITÀ DEL LUME

Il lume grande ed alto e non troppo potente sarà quello che renderà le particole de' corpi molto grate.

DELL'INGANNO CHE SI RICEVE NEL GIUDIZIO DELLE MEMBRA

Quel pittore che avrà goffe mani, le farà simili nelle sue opere, e cosí gl'interverrà in qualunque membro, se il lungo studio non glielo vieta. Adunque tu, pittore, guarda bene quella parte che hai piú brutta nella tua persona, ed a quella col tuo studio fa buon riparo; imperocché se sarai bestiale, le tue figure parranno il simile, e senza ingegno, e similmente ogni parte di buono e di tristo che hai in te si dimostrerà in parte nelle tue figure.

COME AL PITTORE È NECESSARIO SAPERE L'INTRINSECA FORMA DELL'UOMO

Quel pittore che avrà cognizione della natura de' nervi, muscoli e lacerti, saprà bene, nel muovere un membro, quanti e quali nervi ne siano cagione, e qual muscolo, sgonfiando, sia cagione di raccortare esso nervo, e quali corde convertite in sottilissime cartilagini circondino e ravvolgano detto muscolo; e cosí sarà diverso ed universale dimostratore di varî muscoli, mediante i varî effetti delle figure, e non farà come molti che in diversi atti sempre fanno quelle medesime cose dimostrare in braccia, schiene, petti e gambe; le quali cose non si debbono mettere infra i piccoli errori.

DEL DIFETTO CHE HANNO I MAESTRI DI REPLICARE LE MEDESIME ATTITUDINI DE' VOLTI

Sommo difetto è ne' maestri, i quali usano replicare i medesimi moti nelle medesime istorie vicini l'uno all'altro, e similmente le bellezze de' visi essere sempre una medesima, le quali in natura mai si trova essere replicate, in modo che, se tutte le bellezze di eguale eccellenza ritornassero vive, esse sarebbero maggior numero di popolo che quello che al nostro secolo si trova, e siccome in esso secolo nessuno precisamente si somiglia, il medesimo interverrebbe nelle dette bellezze.

DEL MASSIMO DIFETTO DE' PITTORI

Sommo difetto è de' pittori replicare i medesimi moti e medesimi volti e maniere di panni di una medesima istoria, e fare la maggior parte de' volti che somigliano al loro maestro, la qual cosa mi ha molte volte dato ammirazione perché ne ho conosciuto alcuni che in tutte le loro figure pareva si fossero ritratti al naturale; ed in quelle si vede gli atti e i modi del loro fattore, e s'egli è pronto nel parlare e ne' moti, le sue figure sono il simile in prontitudine; e se il maestro è divoto, il simile paiono le figure co' loro colli torti; e se il maestro è da poco, le sue figure paiono la pigrizia ritratta al naturale; e se il maestro è sproporzionato, le figure sue son simili; e s'egli è pazzo, nelle sue istorie si dimostra largamente, le quali sono nemiche di conclusione, e non stanno attente alle loro operazioni, anzi, chi guarda in qua, chi in là come se sognassero: e cosí segue ciascun accidente in pittura il proprio accidente del pittore. Ed avendo io piú volte considerato la causa di tal difetto, mi pare che sia da giudicare che quell'anima che regge e governa ciascun corpo si è quella che fa il nostro giudizio innanzi sia il proprio giudizio nostro. Adunque essa ha condotto tutta la figura dell'uomo, come essa ha giudicato quello star bene, o col naso lungo, o corto, o camuso, e cosí gli affermò la sua altezza e figura. Ed è di tanta potenza questo tal giudizio, ch'egli muove le braccia al pittore e gli fa replicare se medesimo, parendo ad essa anima che quello sia il suo modo di figurare l'uomo, e chi non fa come lei faccia errore. E se trova alcuno che somigli al suo corpo, ch'essa ha composto, essa l'ama, e s'innamora spesso di quello. E per questo molti s'innamorano e prendono moglie che loro somiglia, e spesso i figliuoli che nascono di tali somigliano a' loro genitori.

PRECETTO, CHE IL PITTORE NON S'INGANNI NELL'ELEZIONE DELLA FIGURA IN CHE ESSO FA L'ABITO

Deve il pittore fare la sua figura sopra la regola d'un corpo naturale, il quale comunemente sia di proporzione laudabile; oltre di questo far misurare se medesimo e vedere in che parte la sua persona varia assai o poco da quella antedetta laudabile; e, avuta questa notizia, deve riparare con tutto il suo studio di non incorrere ne' medesimi mancamenti nelle figure da lui operate, che nella persona sua si trovano. E sappi che con questo vizio ti bisogna sommamente pugnare, conciossiaché egli è mancamento ch'è nato insieme col giudizio; perché l'anima, maestra del tuo corpo, è quella che è il tuo proprio giudizio, e volentieri si diletta nelle opere simili a quella che essa operò nel comporre del suo corpo: e di qui nasce che non è sí brutta figura di femmina, che non trovi qualche amante, se già non fosse mostruosa; sicché ricordati d'intendere i mancamenti che sono nella tua persona, e da quelli ti guarda nelle figure che da te si compongono.

DIFETTO DE' PITTORI CHE RITRAGGONO UNA COSA DI RILIEVO IN CASA A UN LUME, E POI LA METTONO IN CAMPAGNA AD ALTRO LUME

Grande errore è di quei pittori, i quali spesse volte ritraggono una cosa di rilievo a un lume particolare nelle loro case, e poi mettono in opera tal ritratto a un lume universale dell'aria in campagna, dove tal aria abbraccia ed illumina tutte le parti delle vedute a un medesimo modo; e cosí costoro fanno ombre oscure dove non può essere ombra, e se pure essa vi è, è di tanta chiarezza, che è insensibile:[1] e cosí fanno i riflessi dove è impossibile siansi veduti.

NOTE

[1] In altre edizioni: "quasi impercettibile."

DELLA PITTURA E SUA DIVISIONE

Dividesi la pittura in due parti principali, delle quali la prima è figura, cioè la linea che distingue la figura de' corpi e loro particole; la seconda è il colore contenuto da essi termini.

FIGURA E SUA DIVISIONE

La figura de' corpi si divide in due altre parti, cioè: proporzionalità delle parti infra loro, le quali sieno corrispondenti al tutto, e movimento appropriato all'accidente mentale della cosa viva che si muove.

PROPORZIONE DI MEMBRA

La proporzione delle membra si divide in due altre parti, cioè: qualità e moto.[1] Per qualità s'intende, oltre alle misure corrispondenti al tutto, che tu non mischi le membra de' giovani con quelle de' vecchi, né quelle de' grassi con quelle de' magri, né le membra leggiadre con le inette; ed oltre di questo, che tu non faccia a' maschi membra femminili. Per moto s'intende che le attitudini ovvero movimenti de' vecchi non sieno fatti con quella medesima vivacità che si converrebbe a quelli de' giovani; né anche i movimenti d'un piccolo fanciullo sieno fatti come quelli d'un giovane, e quelli della femmina come quelli del maschio.[2] Non far atti che non sieno compagni dell'atteggiatore; cioè all'uomo di gran valetudine, che i suoi movimenti lo manifestino e cosí l'uomo di poco valore faccia il simile co' movimenti invalidi e balordi, i quali minaccino ruina al corpo che li genera.

NOTE

[1] Nell'edizione viennese: "modo."
[2] Nell'edizione romana, 1817, si legge qui in seguito: "facendo che i movimenti e membri d'un gagliardo sieno tali, che in esse membra dimostrino essa valetudine."

DEL FUGGIRE LE CALUNNIE DE' GIUDIZI VARÎ CHE HANNO GLI OPERATORI DELLA PITTURA

Se vorrai fuggire i biasimi che danno gli operatori della pittura e tutti quelli che in diverse parti dell'arte non sono di conforme opinione con loro, è necessario operare l'arte con diverse maniere, acciocché tu ti conformi in qualche parte con ciascun giudizio che considera le opere del pittore, delle quali parti si farà menzione qui sotto.

DE' MOVIMENTI E DELLE OPERAZIONI VARIE

Le figure degli uomini abbiano atto proprio alla loro operazione in modo che, vedendole, tu intenda quello che per loro si pensi o dica; i quali saranno bene imparati da chi imiterà i moti de' muti, i quali parlano con i movimenti delle mani, degli occhi, delle ciglia e di tutta la persona, nel voler esprimere il concetto dell'animo loro; e non ti ridere di me, perché io ti proponga un precettore senza lingua il quale ti abbia ad insegnar quell'arte ch'e' non sa fare; perché meglio t'insegnerà egli co' fatti, che tutti gli altri con parole; e non sprezzare tal consiglio, perché essi sono i maestri de' movimenti ed intendono da lontano di quel che uno parla, quando egli accomoda i moti delle mani con le parole. Questa tale considerazione ha molti nemici e molti difensori. Dunque tu, pittore, attempra dell'una e dell'altra setta, attendi, secondo che accade, alle qualità di quelli che parlano ed alla natura della cosa di che si parla.

FUGGI I PROFILI, CIOÈ I TERMINI ESPEDITI DELLE COSE

Non fare i termini delle tue figure d'altro colore che del proprio campo, con che esse figure terminano, cioè che non faccia profili oscuri infra il campo e la tua figura.

COME NELLE COSE PICCOLE NON S'INTENDONO GLI ERRORI COME NELLE GRANDI

Nelle cose di minuta forma non si può comprendere la qualità del loro errore come nelle grandi; e la ragione si è che, se questa cosa piccola sia fatta a similitudine d'un uomo o d'altro animale, le sue parti per l'immensa diminuzione non ponno essere ricercate con quel debito fine dal suo operatore, che si converrebbe: onde non rimane finita, e non essendo finita, non si possono comprendere i suoi errori. Esempio: riguarderai da lontano un uomo per lo spazio di trecento braccia, e con diligenza giudicherai se quello è bello o brutto, s'egli è mostruoso o di comune qualità; vedrai che con sommo tuo sforzo non ti potrai persuadere a dar tal giudizio; e la ragione si è che, per la sopradetta distanza, quest'uomo diminuisce tanto, che non si può comprendere le qualità delle particole. E se vuoi veder bene detta diminuzione dell'uomo sopradetto, ponti un dito presso all'occhio un palmo, e tanto alza o abbassa detto dito, che la sua superiore estremità termini sotto i piedi della figura che tu riguardi, e vedrai apparire un'incredibile diminuzione; e per questo spesse volte si dubita circa la forma dell'amico da lontano.

PERCHÉ LA PITTURA NON PUÒ MAI PARERE SPICCATA COME LE COSE NATURALI

I pittori spesse volte cadono in disperazione del loro imitare il naturale, vedendo le loro pitture non aver quel rilievo e quella vivacità che hanno le cose vedute nello specchio, allegando aver essi colori che per chiarezza e per oscurità di gran lunga avanzano la qualità de' lumi ed ombre della cosa veduta nello specchio, accusando in questo caso la loro ignoranza e non la ragione, perché non la conoscono. Impossibile è che la cosa dipinta apparisca di tal rilievo, che si assomigli alla cosa dello specchio, benché l'una e l'altra sia su una superficie, salvo se fosse veduta con un solo occhio; e la ragione si è che i due occhi che vedono una cosa dopo l'altra, come ab che vedono mn; n non può occupare interamente m, perché la base delle linee visuali è sí larga, che vede il corpo secondo dopo il primo. Ma se chiudi un occhio, come s, il corpo f occuperà k, perché la linea visuale nasce in un sol punto, e fa base nel primo corpo; onde il secondo di pari grandezza non sarà visto.

PERCHÉ I CAPITOLI DELLE FIGURE L'UNO SOPRA L'ALTRO È OPRA DA FUGGIRE

Questo universal uso, il quale si fa per i pittori nelle faccie delle cappelle, è molto da essere ragionevolmente biasimato, imperocché fanno un'istoria in un piano col suo paese ed edifizi, poi s'alzano un altro grado e fanno un'istoria, e variano il punto dal primo, e poi la terza e la quarta, in modo che una facciata si vede fatta con quattro punti, la quale è somma stoltizia di simili maestri. Noi sappiamo che il punto è posto all'occhio del riguardatore dell'istoria; e se tu volessi dire: a che modo ho da fare la vita d'un santo compartita in molte istorie in una medesima faccia?, a questa parte ti rispondo che tu devi porre il primo piano col punto all'altezza dell'occhio de' riguardatori d'essa istoria, e sul detto piano figura la prima istoria grande; e poi diminuendo di mano in mano le figure e casamenti, in su diversi colli e pianure, farai tutto il fornimento d'essa istoria. Sul resto della faccia, nella sua altezza, farai alberi grandi a comparazione delle figure, o angeli, se fossero al proposito dell'istoria, ovvero uccelli, o nuvoli, o simili cose; altrimenti non te n'impacciare, ché ogni tua opera sarà falsa.

QUAL PITTURA È MEGLIO USARE NEL FAR PARER LE COSE SPICCATE

Le figure illuminate dal lume particolare sono quelle che mostrano piú rilievo che quelle che sono illuminate dal lume universale, perché il lume particolare fa i lumi riflessi, i quali spiccano le figure dai loro campi; le quali riflessioni nascono dai lumi di una figura che risulta nell'ombra di quella che le sta davanti e la illumina in parte. Ma la figura posta dinanzi al lume particolare in luogo grande e oscuro non riceve riflesso, e di questa non si vede se non la parte illuminata: e questa è solo da essere usata nell'imitazione della notte, con piccolo lume particolare.

QUAL È PIÚ DI DISCORSO ED UTILITÀ, O I LUMI ED OMBRE DE' CORPI, O I LORO LINEAMENTI

I termini de' corpi sono di maggior discorso ed ingegno che le ombre ed i lumi, per causa che i lineamenti de' membri che sono piegabili, sono immutabili, e sempre sono quei medesimi, ma i siti, qualità e quantità delle ombre sono infiniti.

QUAL È DI MAGGIORE IMPORTANZA, O IL MOVIMENTO CREATO DAGLI ACCIDENTI DIVERSI DEGLI ANIMALI, O LE LORO OMBRE E LUMI

La piú importante cosa che ne' discorsi della pittura trovar si possa, sono i movimenti appropriati agli accidenti mentali di ciascun animale, come desiderio, sprezzamento, ira, pietà e simili.

QUAL È DI PIÚ IMPORTANZA, O CHE LA FIGURA ABBONDI IN BELLEZZA DI COLORI, O IN DIMOSTRAZIONI DI GRAN RILIEVO

Solo la pittura si rende[1] ai contemplatori di quella per far parere rilevato e spiccato dai muri quel che non lo è, ed i colori sol fanno onore ai maestri che li fanno, perché in loro non si causa altra maraviglia che bellezza, la quale bellezza non è virtú del pittore, ma di quello che li ha generati, e può una cosa esser vestita di brutti colori e dar di sé maraviglia a' suoi contemplanti per parere di rilievo.

NOTE

[1] L'edizione di Vienna aggiunge: "cosa maravigliosa."

QUAL È PIÚ DIFFICILE, O LE OMBRE E I LUMI, O PURE IL DISEGNO BUONO

Dico essere piú difficile quella cosa ch'è costretta a un termine, che quella ch'è libera. Le ombre hanno i loro termini a certi gradi, e chi n'è ignorante, le sue cose saranno senza rilievo, il quale rilievo è l'importanza e l'anima della pittura. Il disegno è libero, imperocché si vedrà infiniti volti, che tutti saranno varî. E chi avrà il naso lungo, e chi lo avrà corto. Adunque il pittore può ancora lui pigliare questa libertà, e dov'è libertà non è regola.

PRECETTI DEL PITTORE

O pittore notomista, guarda che la troppa notizia degli ossi, corde e muscoli non sieno causa di farti pittore legnoso, col volere che i tuoi ignudi mostrino tutti i sentimenti loro. Adunque, volendo riparare a questo, vedi in che modo i muscoli ne' vecchi o magri coprano ovver vestano le loro ossa. Ed oltre questo, nota la regola come i medesimi muscoli riempiano gli spazi superficiali che infra loro s'interpongono, e quali sono i muscoli di che mai si perde la notizia in alcun grado di grassezza; e quali sono i muscoli de' quali per ogni minima pinguedine si perde la notizia de' loro contatti; e molte son le volte che di piú muscoli se ne fa un sol muscolo nell'ingrassare, e molte sono le volte che nel dimagrare o invecchiare di un sol muscolo se ne fa piú muscoli. Di questo tal discorso si dimostrerà a suo luogo tutte le particolarità loro, e massime negli spazi interposti infra le giunture di ciascun membro.

Ancora non mancherai della varietà che fanno i predetti muscoli intorno alle giunture de' membri di qualunque animale, mediante la diversità de' moti di ciascun membro, perché in alcun lato di esse giunture si perde integralmente la notizia di essi muscoli per causa dell'accrescimento o mancamento della carne, della quale tali muscoli sono composti.

MEMORIA CHE SI FA L'AUTORE

Descrivi quali sieno i muscoli e quali le corde che mediante diversi movimenti di ciascun membro si scoprano, o si nascondano, o non facciano né l'uno né l'altro; e ricordati che questa tale azione è importantissima e necessarissima appresso de' pittori e scultori che fanno professione di maestri. Il simile farai d'un fanciullo, dalla sua natività insino al tempo della sua decrepitezza per tutti i gradi della sua età, infanzia, puerizia, adolescenza e gioventú, ed in tutti descriverai le mutazioni delle membra e giunture, e quali ingrassino o dimagrino.

PRECETTI DI PITTURA

Sempre il pittore che vuole aver onore delle sue opere, deve cercare la prontitudine de' suoi atti negli atti naturali fatti dagli uomini all'improvviso e nati da potente affezione de' loro affetti, e di quelli far brevi ricordi ne' suoi libretti, e poi a' suoi proposti adoperarli, col far stare un uomo in quel medesimo atto, per vedere la qualità e l'aspetto delle membra che in tal atto si adoprano.

PRECETTI DI PITTURA

Quella cosa ovvero la figura di quella si dimostrerà con piú distinti e spediti termini, la quale sarà piú vicina all'occhio. E per questo tu, pittore, che sotto il nome di pratico fingi la veduta di una testa veduta da vicina distanza con pennellate terminate, e tratteggiamenti aspri e crudi, sappi che tu t'inganni, perché in qualunque distanza tu ti finga la tua figura, essa è sempre finita in quel grado che essa si trova, ancoraché in lunga distanza si perda la notizia de' suoi termini. E non manca per questo che non si veda un finito fumoso, e non termini e profilamenti spediti e crudi. Adunque è da concludere, che quell'opera alla quale si può avvicinare l'occhio del suo riguardatore, che tutte le parti di essa pittura sieno finite ne' suoi gradi con somma diligenza, ed oltre di questo le prime sieno terminate di termini noti ed espediti dal suo campo, e quelle piú distanti sieno ben finite, ma di termini piú fumosi, cioè piú confusi, o vuoi dire men noti; alle piú distanti successivamente osservare quel ch'è detto di sopra, cioè i termini men noti, e poi le membra, ed in fine il tutto men noto di figura e di colore.

COME FU LA PRIMA PITTURA

La prima pittura fu sol di una linea, la quale circondava l'ombra dell'uomo fatta dal sole ne' muri.

COME LA PITTURA DEV'ESSERE VISTA DA UNA SOLA FINESTRA

La pittura dev'essere vista da una sola finestra, come appare per cagione de' corpi cosí fatti: O; se tu vuoi fare in un'altezza una palla rotonda, ti bisogna farla lunga a questa similitudine, e star tanto indietro ch'essa, scorciando, apparisca tonda.

DELLE PRIME OTTO PARTI IN CHE SI DIVIDE LA PITTURA

Tenebre, luce, corpo, figura, colore, sito, remozione e propinquità. Si possono aggiungere a queste due altre, cioè moto e quiete, perché tal cosa è necessario figurare ne' moti delle cose che si fingono nella pittura.

COME LA PITTURA SI DIVIDE IN CINQUE PARTI

Le parti della pittura sono cinque, cioè: superficie, figura, colore, ombra e lume, propinquità e remozione, o vuoi dire accrescimento e diminuzione, che sono le due prospettive, come nella diminuzione della quantità e la diminuzione delle notizie delle cose vedute in lunghe distanze, e quella de' colori, e qual colore è quello che prima diminuisce in pari distanze, e quel che piú si mantiene.

DELLE DUE PARTI PRINCIPALI IN CHE SI DIVIDE LA PITTURA

Due sono le parti principali nelle quali si divide la pittura, cioè lineamenti, che circondano le figure de' corpi finti, i quali lineamenti si dimandano disegni. La seconda è detta ombra. Ma questo disegno è di tanta eccellenza, che non solo ricerca le opere di natura, ma infinite piú che quelle che fa natura. Questo comanda allo scultore di terminare con scienza i suoi simulacri, ed a tutte le arti manuali, ancora che fossero infinite, insegna il loro perfetto fine. E per questo concluderemo non solamente esser scienza, ma una deità essere con debito nome ricordata, la qual deità ripete tutte le opere evidenti fatte dal sommo Iddio.

DELLA PITTURA LINEALE

Siano con somma diligenza considerati i termini di qualunque corpo, ed il modo del lor serpeggiare, le quali serpeggiature sia giudicato se le sue volte partecipano di curvità circolare o di concavità angolare.

DELLA PITTURA, CIOÈ DELLE OMBRE

Le ombre, le quali tu discerni con difficoltà ed i loro termini non puoi conoscere, anzi, con confuso giudizio le pigli e trasferisci nella tua opera, non le farai finite, ovvero terminate, sicché la tua opera sarà di legnosa[1] risultazione.

NOTE

[1] Nell'edizione romana, 1817, alla parola "legnosa" è sostituito: "ingegnosa."

DELLE PARTI E QUALITÀ DELLA PITTURA

La prima parte della pittura è che i corpi con quella figurati si dimostrino rilevati e che i campi di essi circondatori con le loro distanze si dimostrino entrare dentro alla parete, dove tal pittura è generata, mediante le tre prospettive, cioè diminuzione delle figure de' corpi, diminuzione delle magnitudini loro e diminuzione de' loro colori. E di queste tre prospettive la prima ha origine dall'occhio, le altre due hanno derivazione dall'aria interposta infra l'occhio e gli obietti da esso occhio veduti. La seconda parte della pittura sono gli atti appropriati e variati nelle stature, sí che gli uomini non paiano fratelli.

DELLA ELEZIONE DE' BEI VISI

Parmi non piccola grazia quella di quel pittore, il quale fa buone arie alle sue figure. La qual grazia chi non l'ha per natura la può pigliare per accidentale studio in questa forma. Guarda a tôrre le parti buone di molti visi belli, le quali belle parti sieno conformi piú per pubblica fama che per tuo giudizio; perché ti potresti ingannare togliendo visi che avessero conformità col tuo; perché spesso pare che simili conformità ci piacciano, e se tu fossi brutto eleggeresti visi non belli, e faresti brutti visi, come molti pittori, ché spesso le figure somigliano al maestro; sicché piglia le bellezze, come ti dico, e quelle metti in mente.

DELLA ELEZIONE DELL'ARIA, CHE DÀ GRAZIA AI VOLTI

Se avrai una corte da poter coprire a tua posta con tenda lina, questo lume sarà buono; ovvero quando vuoi ritrarre uno, ritrailo a cattivo tempo, sul far della sera, facendo stare il ritratto con la schiena accosto a uno de' muri di essa corte. Pon mente per le strade sul fare della sera ai visi di uomini e di donne, quando è cattivo tempo, quanta grazia e dolcezza si vede in essi. Adunque tu, pittore, avrai una corte accomodata co' muri tinti di nero con alquanto sporto di tetto sopra esso muro, e sia larga braccia dieci e lunga venti, ed alta dieci; e quando non la copri con tenda, sia sul far della sera per ritrarre un'opera, e quando è o nuvolo, o nebbia; e questa è perfetta aria.

DELLE BELLEZZE E BRUTTEZZE

Le bellezze con le bruttezze paiono piú potenti l'una per l'altra.

DELLE BELLEZZE

Le bellezze de' volti possono essere in diverse persone di pari bontà, ma non mai simili in figura, anzi saranno di tante varietà quant'è il numero a cui quelle sono congiunte.

DE' GIUDICATORI DI VARIE BELLEZZE IN VARÎ CORPI, E DI PARI ECCELLENZA

Ancoraché in varî corpi siano varie bellezze e di grazia eguali, i varî giudici di pari intelligenza le giudicheranno di gran varietà infra loro esservi tra l'una e l'altra delle loro elezioni.

COME SI DEBBONO FIGURARE I PUTTI

I putti piccoli si debbono figurare con atti pronti e storti quando seggono, e nello star ritti con atti timidi e paurosi.

COME SI DEBBONO FIGURARE I VECCHI

I vecchi debbono esser fatti con pigri e lenti movimenti, e le gambe piegate nelle ginocchia quando stanno fermi, e i piedi pari e distanti l'un dall'altro; sieno declinati in basso, la testa innanzi chinata e le braccia non troppo distese.

COME SI DEBBONO FIGURARE LE DONNE

Le donne si debbono figurare con atti vergognosi, le gambe insieme strette, le braccia raccolte insieme, teste basse e piegate in traverso.

COME SI DEBBONO FIGURARE LE VECCHIE

Le vecchie si debbono figurare ardite e pronte, con rabbiosi movimenti, a guisa di furie infernali, ed i movimenti debbono parere piú pronti nelle braccia e teste che nelle gambe.

COME SI DEVE FIGURARE UNA NOTTE

Quella cosa che è priva interamente di luce è tutta tenebre: essendo la notte in simile condizione, se tu vi vorrai figurare un'istoria, farai che, essendovi un gran fuoco, quella cosa che è piú propinqua a detto fuoco piú si tinga nel suo colore, perché quella che è piú vicina all'obietto, piú partecipa della sua natura; e facendo il fuoco pendere in color rosso, farai tutte le cose illuminate da quello anch'esse rosseggiare, e quelle che son piú lontane da detto fuoco, piú sieno tinte del color nero della notte. Le figure che son fatte innanzi al fuoco appariscano scure nella chiarezza d'esso fuoco, perché quella parte d'essa cosa che vedi è tinta dall'oscurità della notte e non dalla chiarezza del fuoco: e quelle che si trovano dai lati, sieno mezze scure e mezze rosseggianti: e quelle che si possono vedere dopo i termini delle fiamme, saranno tutte illuminate di rosseggiante lume in campo nero. In quanto agli atti, farai le figure che sono appresso farsi scudo con le mani e con i mantelli a riparo del soverchio calore, e, volte col viso in contraria parte, mostrar di fuggire: quelle piú lontane, farai gran parte di loro farsi con le mani riparo agli occhi offesi dal soverchio splendore.

COME SI DEVE FIGURARE UNA FORTUNA

Se tu vuoi figurar bene una fortuna, considera e poni bene i suoi effetti, quando il vento, soffiando sopra la superficie del mare o della terra, rimove e porta seco quelle cose che non sono ferme con la universale massa. E per ben figurare questa fortuna, farai prima i nuvoli spezzati e rotti drizzarsi per il corso del vento, accompagnati dall'arenosa polvere levata da' lidi marini: e rami e foglie, levati per la potenza del furore del vento, sparsi per l'aria ed in compagnia di molte altre leggiere cose: gli alberi e le erbe, piegati a terra, quasi mostrar di voler seguire il corso de' venti, con i rami storti fuor del naturale corso e con le scompigliate e rovesciate foglie: e gli uomini, che lí si trovano, parte caduti e rivolti per i panni e per la polvere, quasi sieno sconosciuti, e quelli che restano ritti sieno dopo qualche albero, abbracciati a quello, perché il vento non li strascini; altri con le mani agli occhi per la polvere, chinati a terra, ed i panni ed i capelli dritti al corso del vento. Il mare turbato e tempestoso sia pieno di ritrosa spuma infra le elevate onde, ed il vento faccia levare infra la combattuta aria della spuma piú sottile, a uso di spessa ed avviluppata nebbia. I navigli che dentro vi sono, alcuni se ne faccia con la vela rotta, ed i brani d'essa ventilando infra l'aria in compagnia d'alcuna corda rotta; alcuni alberi rotti caduti col naviglio attraversato e rotto infra le tempestose onde; ed uomini, gridando, abbracciare il rimanente del naviglio. Farai i nuvoli cacciati dagli impetuosi venti, battuti nelle alte cime delle montagne, e fra quelli avviluppati e ritrosi a similitudine delle onde percosse negli scogli; l'aria spaventosa per le scure tenebre fatte nell'aria dalla polvere, nebbia e nuvoli folti.

COME SI DEVE FIGURARE UNA BATTAGLIA

Farai prima il fumo dell'artiglieria mischiato infra l'aria insieme con la polvere mossa dal movimento de' cavalli de' combattitori; la qual mistione userai cosí: la polvere, perché è cosa terrestre e ponderosa, e benché per la sua sottilità facilmente si levi e mischi infra l'aria, nientedimeno volentieri ritorna in basso, ed il suo sommo montare è fatto dalla parte piú sottile; adunque il meno sarà veduta, e parrà quasi del color dell'aria. Il fumo che si mischia infra l'aria polverata, quando piú s'alza a certa altezza, parrà oscure nuvole, e vedrassi nelle sommità piú espeditamente il fumo che la polvere. Il fumo penderà in colore alquanto azzurro, e la polvere trarrà al suo colore. Dalla parte che viene il lume parrà questa mistione d'aria, fumo e polvere molto piú lucida che dalla opposita parte. I combattitori, quanto piú saranno infra detta turbolenza, tanto meno si vedranno, e meno differenza sarà da' loro lumi alle loro ombre. Farai rosseggiare i visi e le persone e l'aria vicina agli archibusieri insieme co' loro vicini; e detto rossore quanto piú si parte dalla sua cagione, piú si perda; e le figure che sono infra te ed il lume, essendo lontane, parranno scure in campo chiaro, e le lor gambe, quanto piú s'appresseranno alla terra, meno saranno vedute; perché la polvere è lí piú grossa e spessa. E se farai cavalli correnti fuori della turba, fa i nuvoletti di polvere distanti l'uno dall'altro quanto può esser l'intervallo per salti fatti dal cavallo; e quel nuvolo che è piú lontano da detto cavallo meno si veda, anzi sia alto, sparso e raro, ed il piú presso sia il piú evidente e minore e piú denso. L'aria sia piena di saettume di diverse ragioni; chi monti, chi discenda, qual sia per linea piana; e le pallottole degli schioppettieri sieno accompagnate d'alquanto fumo dietro ai loro corsi. E le prime figure farai polverose ne' capelli e ciglia ed altri luoghi piani, atti a sostenere la polvere. Farai vincitori correnti con capelli e altre cose leggiere sparse al vento, con le ciglia basse, e caccino contrarie membra innanzi, cioè se manderanno innanzi il piè destro, che il braccio manco ancor esso venga innanzi; e se farai alcuno caduto, gli farai il segno dello sdrucciolare su per la polvere condotta in sanguinoso fango; ed intorno alla mediocre liquidezza della terra farai vedere stampate le pedate degli uomini e de' cavalli di lí passati. Farai alcuni cavalli strascinar morto il loro signore, e di dietro a quello lasciare per la polvere ed il fango il segno dello strascinato corpo. Farai i vinti e battuti pallidi, con le ciglia alte nella loro congiunzione, e la carne che resta sopra di loro sia abbondante di dolenti crespe. Le faccie del naso sieno con alquante grinze partite in arco dalle narici, e terminate nel principio dell'occhio. Le narici alte, cagione di dette pieghe, e le labbra arcuate scoprano i denti di sopra. I denti spartiti in modo di gridare con lamento. Una delle mani faccia scudo ai paurosi occhi, voltando il di dentro verso il nemico, l'altra stia a terra a sostenere il levato busto. Altri farai gridanti con la bocca sbarrata, e fuggenti. Farai molte sorte d'armi infra i piedi de' combattitori, come scudi rotti, lance, spade rotte ed altre simili cose. Farai uomini morti, alcuni ricoperti mezzi dalla polvere, ed altri tutti. La polvere che si mischia con l'uscito sangue convertirsi in rosso fango, e vedere il sangue del suo colore correre con torto corso dal corpo alla polvere. Altri morendo stringere i denti, stravolgere gli occhi, stringer le pugna alla persona, e le gambe storte. Potrebbesi vedere alcuno, disarmato ed abbattuto dal nemico, volgersi a detto nemico e con morsi e graffi far crudele ed aspra vendetta. Potriasi vedere alcun cavallo leggiero correre con i crini sparsi al vento fra i nemici e con i piedi far molto danno, e vedersi alcuno stroppiato cadere in terra, farsi coperchio col suo scudo, ed il nemico chinato in basso far forza per dargli morte. Potrebbersi vedere molti uomini caduti in un gruppo sopra un cavallo morto. Vedransi alcuni vincitori lasciare il combattere, ed uscire della moltitudine, nettandosi con le mani gli occhi e le guance ricoperti di fango fatto dal lacrimar degli occhi per causa della polvere. Vedransi le squadre del soccorso star piene di speranza e di sospetto, con le ciglia aguzze, facendo a quelle ombra con le mani, e riguardare infra la folta e confusa caligine per essere attente al comandamento del capitano; il quale potrai fare col bastone levato, e corrente inverso il soccorso mostrandogli la parte dov'è bisogno di esso. Ed alcun fiume, dentrovi cavalli correnti, riempiendo la circostante acqua di turbolenza d'onde, di schiuma e d'acqua confusa saltante inverso l'aria, e tra le gambe e i corpi de' cavalli. E non far nessun luogo piano senza le pedate ripiene di sangue.

DEL MODO DI CONDURRE IN PITTURA LE COSE LONTANE

Chiaro si vede essere un'aria grossa piú che le altre, la quale confina con la terra piana; e quanto piú si leva in alto, piú è sottile e trasparente. Le cose elevate e grandi che saranno da te lontane, la lor bassezza poco sarà veduta, perché la vedi per una linea che passa infra l'aria piú grossa continuata. La sommità di dette altezze si trova essere veduta per una linea, la quale, benché dal canto dell'occhio tuo si causi nell'aria grossa, nondimeno, terminando nella somma altezza della cosa vista, viene a terminare in aria molto piú sottile che non fa la sua bassezza; e per questa ragione questa linea, quanto piú si allontana da te di punto in punto, sempre muta qualità di sottile in sottile aria. Adunque tu, pittore, quando fai le montagne, fa che di colle in colle sempre le bassezze sieno piú chiare che le altezze; e quanto le fai piú lontane l'una dall'altra, fa le bassezze piú chiare, e quanto piú si leveranno in alto, piú mostreranno la verità della forma e del colore.

COME L'ARIA SI DEVE FAR PIÚ CHIARA QUANTO PIÚ LA FAI FINIRE BASSA

Perché quest'aria è grossa presso alla terra, e quanto piú si leva e piú s'assottiglia, quando il sole è per levante riguarderai il ponente, partecipante di mezzodí e tramontana, e vedrai quell'aria grossa ricevere piú lume dal sole che la sottile, perché i raggi trovano piú resistenza. E se il cielo alla vista tua terminerà con la bassa pianura quella parte ultima del cielo sarà veduta per quell'aria piú grossa e piú bianca, la quale corromperà la verità del colore che si vedrà per suo mezzo, e parrà lí il cielo piú bianco che sopra te, perché la linea visuale passa per meno quantità d'aria corrotta da grossi umori. E se riguarderai inverso levante, l'aria ti parrà piú scura quanto piú s'abbassa, perché in dett'aria bassa i raggi luminosi meno passano.

A FARE CHE LE FIGURE SPICCHINO DAL LORO CAMPO

Le figure di qualunque corpo piú parranno rilevate e spiccate da' loro campi, delle quali essi campi saranno di color chiari o scuri, con piú varietà che sia possibile ne' confini delle predette figure, come sarà dimostrato al suo luogo, e che in detti colori sia osservata la diminuzione di chiarezza ne' bianchi, e di oscurità ne' colori scuri.

DEL FIGURARE LE GRANDEZZE DELLE COSE DIPINTE

Nella figurazione delle grandezze che hanno naturalmente le cose anteposte all'occhio, si debbono figurare tanto finite le prime figure, essendo piccole, come le opere de' miniatori, come le grandi de' pittori: ma le piccole de' miniatori debbono esser vedute d'appresso, e quelle del pittore da lontano; cosí facendo esse figure vengono all'occhio con egual grandezza; e questo nasce perché esse vengono con egual grossezza d'angolo. Provasi, e sia l'obbietto bc, e l'occhio sia a; e de sia una tavola di vetro per la quale penetrino le specie del bc. Dico che stando fermo l'occhio a, la grandezza della pittura fatta per l'imitazione di esso bc, deve essere di tanto minor figura, quanto il vetro de sarà piú vicino all'occhio a, e deve essere egualmente finita. E se tu fingerai essa figura bc nel vetro de, la tua figura deve essere meno finita che la figura bc, e piú finita che la figura mn, fatta sul vetro fg, perché se po figura fosse finita come la naturale bc, la prospettiva d'esso op sarebbe falsa, perché, in quanto alla diminuzione della figura, essa starebbe bene, essendo bc diminuito in po; ma il finito non si accorderebbe con la distanza, perché nel ricercare la perfezione del finito del naturale bc, allora esso bc parrebbe nella vicinità op; ma se tu vorrai ricercare la diminuzione di op, esso op pare essere nella distanza bc, e nel diminuire del finito al vetro fg.

DELLE COSE FINITE, E DELLE CONFUSE

Le cose finite e spedite si debbono far d'appresso, e le confuse, cioè di termini confusi, si fingano in parti remote.

DELLE FIGURE CHE SONO SEPARATE, ACCIOCCHÉ NON PAIANO CONGIUNTE

I colori di che tu vesti le figure sieno tali che diano grazia l'uno all'altro; e quando un colore si fa campo dell'altro, sia tale che non paiano congiunti ed appiccati insieme, ancor che fossero di medesima natura di colore, ma sieno varî di chiarezza, tale quale richiede l'interposizione della distanza e della grossezza dell'aria che fra loro s'inframmette, e con la medesima regola vada la notizia de' loro termini, cioè piú o meno espediti o confusi, secondo che richiede la loro propinquità o remozione.

SE IL LUME DEVE ESSER TOLTO IN FACCIA ALLE FIGURE, O DA PARTE, E QUALE DIA PIÚ GRAZIA

Il lume tolto in faccia ai volti posti dentro a pareti laterali, le quali sieno oscure, sarà causa che tali volti avranno gran rilievo, e massime avendo il lume da alto, e questo rilievo accade perché la parte dinanzi di tal volto è illuminata dal lume universale dell'aria a quello anteposta, onde tal parte illuminata ha ombre quasi insensibili, e dopo essa parte dinanzi del volto seguitano le parti laterali, oscurate dalle predette pareti laterali delle stanze, le quali tanto piú oscurano il volto, quanto esso volto entra fra loro con le sue parti: ed oltre di questo seguita che il lume che scende da alto priva di sé tutte quelle parti alle quali è fatto scudo dai rilievi del volto, come le ciglia che sottraggono il lume all'incassatura degli occhi, ed il naso che lo toglie a gran parte della bocca, ed il mento alla gola, e simili altri rilievi.

DELLA RIVERBERAZIONE

Le riverberazioni son causate da corpi di chiara qualità, di piana e semidensa superficie, i quali, percossi dal lume, quello, a similitudine del balzo della palla, ripercuotono nel primo obietto.

DOVE NON PUÒ ESSERE RIVERBERAZIONE LUMINOSA

Tutti i corpi densi si vestono nella loro superficie di varie qualità di lumi e d'ombre. I lumi sono di due nature: l'uno si domanda originale e l'altro derivativo. Originale dico esser quello che deriva da vampa di fuoco, o dal lume del sole, o d'aria; lume derivativo sarà il lume riflesso. Ma per tornare alla promessa definizione, dico che riverberazione luminosa non sarà da quella parte del corpo che sarà volta ai corpi ombrosi, come luoghi oscuri, prati di varie altezze d'erbe, boschi verdi o secchi, i quali, benché la parte di ciascun ramo volta al lume originale si vesta della qualità di esso lume, nientedimeno sono tante le ombre fatte da ciascun ramo per sé, e tante le ombre fatte dall'un ramo su l'altro, che in somma ne risulta tale oscurità, che il lume vi è per niente; onde non possono simili obietti dare ai corpi opposti alcun lume riflesso.

DE' RIFLESSI

I riflessi sieno partecipanti tanto piú o meno della cosa dove si generano, che della cosa che li genera, quanto la cosa dove si generano è di piú pulita superficie che quella che li genera.

DE' RIFLESSI DE' LUMI CHE CIRCONDANO LE OMBRE

I riflessi delle parti illuminate che risaltano nelle contrapposte ombre alleviano piú o meno la loro oscurità, secondo ch'esse sono piú o meno vicine o hanno piú o meno di chiarezza; questa tal considerazione è messa in opera da molti, e molti altri sono che la fuggono, e questi si ridono l'un dell'altro. Ma tu, per fuggir le calunnie dell'uno e dell'altro, metti in opera l'uno e l'altro dove sono necessari, ma fa che le loro cause sieno note, cioè che si veda manifesta la causa de' riflessi e loro colori, e cosí manifesta la causa delle cose che non riflettono. Facendo cosí non sarai interamente biasimato, né lodato dai varî giudici, i quali, se non saranno d'intera ignoranza, sarà necessario che in tutto ti laudino, sí l'una setta come l'altra.

DOVE I RIFLESSI DE' LUMI SONO DI MAGGIORE O MINOR CHIAREZZA

I riflessi de' lumi sono di tanto minore o maggiore evidenza, quanto essi saranno veduti in campi di maggiore o minore oscurità; e questo accade perché se il campo è piú oscuro che il riflesso, allora esso riflesso sarà forte evidente per la differenza grande che hanno essi colori infra loro; ma se il riflesso sarà veduto in campo piú chiaro di esso, allora tal riflesso si dimostrerà essere oscuro rispetto alla bianchezza con la quale confina, e cosí tal riflesso sarà insensibile.

QUAL PARTE DEL RIFLESSO SARÀ PIÚ CHIARA

Quella parte del riflesso sarà piú illuminata che riceve il lume infra angoli piú eguali del luminoso, come nella percussione. Provasi, e sia il luminoso n, ed ab sia la parte del corpo illuminata, la quale risalta per tutta la concavità opposta, la quale è ombrosa. E sia che tal lume, che riflette in e, sia percosso infra angoli eguali, e' non sarà riflesso da base d'angoli eguali, come si mostra l'angolo eab che è piú ottuso che l'angolo eba; ma l'angolo afb, ancor che sia infra angoli di minor egualità che l'angolo e, esso ha per base ab che ha gli angoli piú eguali che esso angolo e; e però sarà piú chiaro in f che in e; ed ancora sarà piú chiaro, perché sarà piú vicino alla cosa che l'illumina, per la sesta che dice: quella parte del corpo ombroso sarà piú illuminata che sarà piú vicina al suo luminoso.

DE' COLORI RIFLESSI DELLA CARNE

I riflessi della carne che hanno lume d'altra carne sono piú rossi e di piú eccellente incarnazione che nessun'altra parte di carne che sia nell'uomo; e questo accade per la terza del secondo libro, che dice: la superficie d'ogni corpo opaco partecipa del colore del suo obietto; e tanto piú quanto tale obietto gli è piú vicino, e tanto meno quanto gli è piú remoto e quanto egli è maggiore; perché essendo grande, esso impedisce le specie degli obietti circostanti, i quali spesse volte sono di colori varî, i quali corrompono le prime specie piú vicine, quando i corpi sono piccoli; ma non manca che non tinga piú un riflesso un piccolo colore vicino, che un colore grande remoto, per la sesta di prospettiva, che dice: le cose grandi potranno essere in tanta distanza, che esse parranno minori assai che le piccole d'appresso.

DOVE I RIFLESSI SONO PIÚ SENSIBILI

Quel riflesso sarà di piú spedita evidenza, il quale è veduto in campo di maggiore oscurità, e quello sarà meno sensibile, che si vedrà in campo piú chiaro; e questo nasce ché le cose di varie oscurità poste in contrasto, la meno oscura fa parere tenebrosa quella che è piú oscura, e le cose di varie bianchezze poste in contrasto, la piú bianca fa parere l'altra meno bianca che non è.

DE' RIFLESSI DUPLICATI E TRIPLICATI

I riflessi duplicati sono di maggior potenza che i riflessi semplici, e le ombre che s'interpongono infra il lume incidente ed essi riflessi sono di poca oscurità. Sia a il luminoso; an, as i diretti; sn sian le parti dei corpi illuminate; o b siano le parti d'essi corpi illuminate dai riflessi; ed il riflesso ane è il riflesso semplice; ano, aso è il riflesso duplicato. Il riflesso semplice è detto quello che solo da un illuminato è veduto, e il duplicato è visto da due corpi illuminati, e il semplice e è fatto dall'illuminato bd: il duplicato o si compone dell'illuminato bd e dell'illuminato dr; e l'ombra sua è di poca oscurità, la quale s'interpone infra il lume incidente n ed il lume riflesso no, so.

COME NESSUN COLORE RIFLESSO È SEMPLICE, MA È MISTO CON LE SPECIE DEGLI ALTRI COLORI

Nessun colore che rifletta nella superficie d'un altro corpo tinge essa superficie del suo proprio colore, ma sarà mista con i concorsi degli altri colori riflessi che risaltano nel medesimo luogo; come il color giallo a che riflette nella parte dello sferico coe, e nel medesimo luogo riflette il colore azzurro b. Dico per questa riflessione mista di giallo e di azzurro, che la percussione del suo concorso tingerà lo sferico; se era in sé bianco, lo farà di color verde, perché è provato che il giallo e l'azzurro misti insieme compongono un bellissimo verde.

COME RARISSIME VOLTE I RIFLESSI SONO DEL COLORE DEL CORPO DOVE SI CONGIUNGONO

Rarissime sono le volte che i riflessi sieno del colore del corpo dove si congiungono. Sia giallo lo sferico dfge, e l'obietto che gli riflette addosso il suo colore sia bc, il quale è azzurro; dico che la parte dello sferico, che è percossa da tal riflessione, si tingerà in color verde, essendo bc illuminato dall'aria o dal sole.

DOVE PIÚ SI VEDRÀ IL RIFLESSO

Infra il riflesso di medesima figura, grandezza e potenza, quella parte si dimostrerà piú o meno potente, la quale terminerà in campo piú o meno scuro.

DE' RIFLESSI

Le superficie de' corpi partecipano piú de' colori di quegli obietti i quali riflettono in lui la sua similitudine infra angoli piú eguali.
De' colori degli obietti che riflettono le sue similitudini nelle superficie degli anteposti corpi infra angoli eguali, quello sarà piú potente il quale avrà il suo raggio riflesso di piú breve lunghezza.
Infra i colori degli obietti che si riflettono infra angoli eguali, e con egual distanza nella superficie de' contrapposti corpi, quello sarà piú potente che sarà di piú chiaro colore.
Quell'obietto riflette piú intensamente il suo colore nell'anteposto corpo, il quale non ha intorno a sé altri colori che della sua specie.

RIFLESSIONE

Ma quel riflesso sarà di piú confuso colore, che da varî colori d'obietti è generato.

Quel colore che sarà piú vicino al riflesso, piú tingerà di sé esso riflesso, e cosí di converso.

Adunque tu, pittore, fa di operare ne' riflessi dell'effigie delle figure il colore delle parti de' vestimenti che sono presso alle parti delle carni che loro sono piú vicine, ma non separare con troppa loro pronunziazione, se non bisogna.

DE' COLORI DE' RIFLESSI

Tutti i colori riflessi sono di manco luminosità che il lume retto, e tal proporzione ha il lume incidente col lume riflesso, quale è quella che hanno infra loro le luminosità dalle loro cause.

DE' TERMINI DE' RIFLESSI NEL LORO CAMPO

Il termine de' riflessi nel campo piú chiaro di esso riflesso sarà causa che tale riflesso terminerà in campo piú oscuro di lui; allora esso riflesso sarà sensibile, e tanto piú si farà evidente, quanto tal campo sarà piú oscuro, e cosí di converso.

DEL MODO D'IMPARAR BENE A COMPORRE INSIEME LE FIGURE NELLE ISTORIE

Per ciò, quando tu avrai imparato bene prospettiva, ed avrai a mente tutte le membra ed i corpi delle cose, sii vago spesse volte nel tuo andare a spasso di vedere e considerare i siti e gli atti degli uomini nel parlare, nel contendere, nel ridere o nell'azzuffarsi insieme, che atti sieno in loro, e che atti facciano i circostanti, spartitori o veditori di esse cose, e quelli notare con brevi segni in questa forma su un tuo piccolo libretto, il quale tu devi sempre portare teco, e sia di carte tinte, acciò non l'abbia a scancellare, ma mutare di vecchio in nuovo; ché queste non sono cose da essere scancellate, anzi, con grandissima diligenza serbate, perché sono tante le forme e gli atti delle cose, che la memoria non è capace a ritenerle; onde queste riserberai come tuoi adiutori e maestri.

DEL PORRE PRIMA UNA FIGURA NELL'ISTORIA

La prima figura nell'istoria farai tanto minore che il naturale, quante braccia tu la figuri lontana dalla prima linea, e poi piú le altre a comparazione di quella, con la regola di sopra.

DEL COLLOCAR LE FIGURE

Tanto quanto la parte del nudo da diminuisce per posare, tanto l'opposita parte cresce; cioè tanto quanto la parte da diminuisce di sua misura, l'opposita parte sopraccresce alla sua misura, ed il bellico mai esce di sua altezza, ovvero il membro virile; e questo abbassamento nasce perché la figura che posa sopra un piede, quel piede si fa centro del soprapposto peso. Essendo cosí, il mezzo delle spalle si drizza di sopra, uscendo fuori della sua linea perpendicolare, la quale linea passa per i mezzi superficiali del corpo; e questa linea viene a torcere nella sua superiore estremità sopra il piede che posa; ed i lineamenti traversi, costretti a eguali angoli, si fanno co' loro estremi piú bassi in quella parte che posa, come appare in abc.

MODO DEL COMPORRE LE ISTORIE

Delle figure che compongono le istorie, quella si dimostrerà di maggior rilievo la quale sarà finta esser piú vicina all'occhio: questo accade per la seconda del terzo, che dice: quel colore si dimostra di maggior perfezione, il quale ha minor quantità d'aria interposta fra sé e l'occhio che lo giudica: e per questo le ombre, le quali mostrano i corpi opachi essere rilevati, si dimostrano ancora piú oscure d'appresso che da lontano, dove sono corrotte dall'aria interposta fra l'occhio ed esse ombre: la qual cosa non accade nelle ombre vicine all'occhio, dove esse mostrano i corpi di tanto maggior rilievo, quanto esse sono di maggiore oscurità.

DEL COMPORRE LE ISTORIE

Ricordati, pittore, quando fai una sola figura, di fuggire gli scorti di quella, sí delle parti come del tutto, perché tu avresti da combattere con l'ignoranza degl'indotti di tale arte; ma nelle istorie fanne in tutti i modi che ti accade, e massime nelle battaglie, dove per necessità accadono infiniti scorciamenti e piegamenti de' componitori di tal discordia, o vuoi dire pazzia bestialissima.

VARIETÀ D'UOMINI NELLE ISTORIE

Nelle istorie debbono esser uomini di varie complessioni, età, carnagioni, attitudini, grassezze, magrezze; grossi, sottili, grandi, piccoli, grassi, magri, fieri, civili, vecchi, giovani, forti e muscolosi, deboli e con pochi muscoli, allegri, malinconici, e con capelli ricci e distesi, corti e lunghi, movimenti pronti e languidi, e cosí varî abiti, colori e qualunque cosa in essa istoria si richiede. È sommo peccato nel pittore fare i visi che somiglino l'un l'altro, e cosí la replicazione degli atti è vizio grande.

DELL'IMPARARE I MOVIMENTI DELL'UOMO

I movimenti dell'uomo vogliono essere imparati dopo la cognizione delle membra e del tutto in tutti i moti delle membra e giunture, e poi con breve notazione di pochi segni vedere gli atti degli uomini ne' loro accidenti, senza ch'essi si avveggano che tu li consideri, perché, se s'avvedranno di tal considerazione, avranno la mente occupata a te, la quale avrà abbandonato la ferocità del loro atto, al quale prima era tutta intenta, come quando due irati contendono insieme, e che a ciascuno pare aver ragione, i quali con gran ferocità muovono le ciglia e le braccia e gli altri membri, con atti appropriati alla loro intenzione e alle loro parole; il che far non potresti, se tu gli volessi far fingere tal ira, o altro accidente, come riso, pianto, dolore, ammirazione, paura e simili: sicché per questo sii vago di portar teco un libretto di carte ingessate e con lo stile d'argento nota con brevità tali movimenti, e similmente nota gli atti de' circostanti e loro compartizione. Questo t'insegnerà a comporre le istorie; e quando avrai pieno il tuo libretto, mettilo da parte, e serbalo a' tuoi proposti, e ripigliane un altro, e fanne il simile; e questa sarà cosa utilissima al modo del tuo comporre, del quale io farò un libro particolare, che seguirà dopo la cognizione delle figure e membra in particolare; e varietà delle loro giunture.

COME IL BUON PITTORE HA DA DIPINGERE DUE COSE, L'UOMO E LA SUA MENTE

Il buon pittore ha da dipingere due cose principali, cioè l'uomo ed il concetto della mente sua. Il primo è facile, il secondo difficile, perché si ha a figurare con gesti e movimenti delle membra; e questo è da essere imparato dai muti, che meglio li fanno che alcun'altra sorta d'uomini.

DEL COMPORRE LE ISTORIE IN PRIMA BOZZA

Lo studio de' componitori delle istorie deve essere di porre le figure digrossatamente, cioè abbozzate, e prima saperle ben fare per tutti i versi e piegamenti e distendimenti delle loro membra. Dipoi sia presa la descrizione di due che arditamente combattono insieme, e questa tale invenzione sia esaminata in varî atti e per varî aspetti; dipoi sia seguitato il combattere dell'ardito col vile e pauroso; e queste tali azioni, e molti altri accidenti dell'animo, sieno con grande esaminazione e studio speculate.

DI NON FAR NELLE ISTORIE TROPPI ORNAMENTI ALLE FIGURE

Non fare mai nelle istorie tanti ornamenti alle tue figure ed altri corpi che impediscano la forma e l'attitudine di tali figure e l'essenza de' predetti altri corpi.

DELLA VARIETÀ NELLE ISTORIE

Dilettisi il pittore ne' componimenti delle istorie della copia e varietà, e fugga il replicare alcuna parte che in essa fatta sia, acciocché la novità ed abbondanza attragga a sé e diletti l'occhio del riguardatore. Dico che nell'istoria si richiede, e a' loro luoghi accadendo, misti gli uomini di diverse effigie, con diverse età ed abiti, insieme misti con donne, fanciulli, cani, cavalli, edifici, campagne e colli.

DELL'ISTORIA

Sia osservata la dignità e decoro del principe o del savio, che nell'istoria si propone, con la separazione e interamente privata del tumulto del volgo.

CONVENIENZE DELLE PARTI DELLE ISTORIE

Non mischierai i malinconici lagrimosi e piangenti con gli allegri e ridenti, imperocché la natura dà che con i piangenti si lacrimi, e con i ridenti si allegri, e sí separa i loro risi e pianti.

DEL DIVERSIFICARE LE ARIE DE' VOLTI NELLE ISTORIE

Comune difetto è ne' dipintori italici il riconoscersi l'aria e figura dell'operatore, mediante le molte figure da lui dipinte; onde, per fuggire tale errore, non sieno fatte, né replicate mai, né tutto, né parte delle figure, che un volto si veda nell'altro nell'istoria.

DEL VARIARE VALETUDINE, ETÀ E COMPLESSIONE DEI CORPI NELLE ISTORIE

Dico anco che nelle istorie si deve mischiare insieme vicinamente i retti contrari, perché danno gran paragone l'un all'altro; e tanto piú quanto saranno piú propinqui, cioè il brutto vicino al bello, e il grande al piccolo, e il vecchio al giovane, e il forte al debole; e cosí si varia quanto si può e piú vicino.

DE' COMPONIMENTI DELLE ISTORIE

I componimenti delle istorie dipinte debbono muovere i riguardatori e contemplatori di quelle a quel medesimo effetto, ch'è quello per il quale tale istoria è figurata; cioè se quell'istoria rappresenta terrore, paura o fuga, o veramente dolore, pianto e lamentazione, o piacere, gaudio e riso, e simili accidenti, che le menti di essi consideratori muovano le membra con atti che paiano ch'essi sieno congiunti al medesimo caso di che esse istorie figurate sono rappresentatrici; e se cosí non fanno, l'ingegno di tale operatore è vano.

PRECETTO DEL COMPORRE LE ISTORIE

O tu, componitore delle istorie, non membrificare con terminati lineamenti le membrificazioni d'esse istorie, ché t'interverrà come a molti e varî pittori intervenir suole, i quali vogliono che ogni minimo segno di carbone sia valido. E questi tali ponno bene acquistare ricchezze, ma non laude della loro arte, perché molte sono le volte che l'animale figurato non ha i moti delle membra appropriati al moto mentale, ed avendo egli fatta bella e grata membrificazione ben finita, gli parrà cosa ingiuriosa a trasmutare esse membra piú alte, o basse, o piú indietro che innanzi. E questi tali non sono meritevoli di alcuna laude nella scienza. Or non hai tu mai considerato poeti componitori de' lor versi, ai quali non dà noia il fare bella lettera, né si curano di cancellare alcuni di essi versi, rifacendoli migliori? Adunque, pittore, componi grossamente le membra delle tue figure, e attendi prima ai movimenti appropriati agli accidenti mentali degli animali componitori dell'istoria che alla bellezza e bontà delle loro membra. Perché tu hai a intendere che, se tal componimento inculto ti riuscirà appropriato alla sua intenzione,[1] tanto maggiormente satisfarà, essendo poi ornato della perfezione appropriata a tutte le sue parti. Io ho già veduto ne' nuvoli e muri macchie che m'hanno desto a belle invenzioni di varie cose, le quali macchie, ancoraché integralmente fossero in sé private di perfezione di qualunque membro, non mancavano di perfezione ne' loro movimenti o altre azioni.

NOTE

[1] Nel codice: "invenzione."

DELL'ACCOMPAGNARE I COLORI L'UNO CON L'ALTRO, IN MODO CHE L'UNO DIA GRAZIA ALL'ALTRO

Se vuoi fare che la vicinità di un colore dia grazia all'altro che con quello confina, usa quella regola che si vede fare ai raggi del sole nella composizione dell'arco celeste, per altro nome iris, i quali colori si generano nel moto della pioggia, perché ciascuna gocciola si trasmuta nella sua discesa in ciascuno de' colori di tale arco, come sarà dimostrato al suo luogo. Ora attendi, che se tu vuoi fare un'eccellente oscurità, dàlle per paragone un'eccellente bianchezza, e cosí l'eccellente bianchezza farai con la massima oscurità; ed il pallido farà parere il rosso di piú focosa rossezza che non parrebbe per sé in paragone del paonazzo; e questa tal regola sarà piú distinta al suo luogo. Resta una seconda regola, la quale non attende a fare i colori in sé di piú suprema bellezza che essi naturalmente sieno, ma che la compagnia loro dia grazia l'uno all'altro, come fa il verde al rosso, e il rosso al verde, come fa il verde con l'azzurro. Ed evvi un'altra regola generativa di disgraziata compagnia, come l'azzurro col giallo, che biancheggia, o col bianco e simili, i quali si diranno al suo luogo.

DEL FAR VIVI E BELLI I COLORI NELLE TUE PITTURE

Sempre a quei colori che tu vuoi che abbiano bellezza preparerai prima il campo candidissimo; e questo dico de' colori che sono trasparenti, perché a quelli che non sono trasparenti non giova campo chiaro; e l'esempio di questo c'insegnano i colori de' vetri, i quali, quando sono interposti infra l'occhio e l'aria luminosa, si mostrano di eccellente bellezza, il che far non possono avendo dietro a sé l'aria tenebrosa o altra oscurità.

DE' COLORI DELLE OMBRE DI QUALUNQUE COLORE

Il colore dell'ombra di qualunque colore sempre partecipa del colore del suo obietto, e tanto piú o meno quanto esso obietto è piú vicino o remoto da essa ombra, e quanto esso è piú o meno luminoso.

DELLE VARIETÀ CHE FANNO I COLORI DELLE COSE REMOTE O PROPINQUE

Delle cose piú oscure che l'aria, quella si dimostrerà di minore oscurità la quale sarà piú remota; e delle cose piú chiare che l'aria, quella si dimostrerà di minor bianchezza che sarà piú remota dall'occhio. Le cose piú chiare e piú oscure che l'aria in lunga distanza scambiano colore, perché la chiara acquista oscurità e l'oscura acquista chiarezza.

IN QUANTA DISTANZA SI PERDONO I COLORI DELLE COSE INTEGRALMENTE

I colori delle cose si perdono integralmente in maggiore o minor distanza, secondo che l'occhio e la cosa veduta saranno in maggiore o minore altezza. Provasi per la settima di questo, che dice: l'aria è tanto piú o meno grossa, quanto essa sarà piú vicina o remota dalla terra. Adunque, se l'occhio e la cosa da esso veduta saranno vicini alla terra, allora la grossezza dell'aria interposta fra l'occhio e la cosa sarà grossa e impedirà assai il colore della cosa veduta da esso occhio. Ma se tal occhio insieme con la cosa da lui veduta saranno remoti dalla terra, allora tale aria occuperà poco il colore del predetto obietto.

IN QUANTA DISTANZA SI PERDONO I COLORI DEGLI OBIETTI DELL'OCCHIO

Tante sono le varietà delle distanze nelle quali si perdono i colori degli obietti quanto sono varie le età del giorno, e quante sono le varietà delle grossezze o sottilità dell'aria, per le quali penetrano all'occhio le specie de' colori de' predetti obietti. E di questo non daremo al presente altra regola.

COLORE D'OMBRA DEL BIANCO

L'ombra del bianco veduto dal sole e dell'aria ha le sue ombre traenti all'azzurro; e questo nasce perché il bianco per sé non ha colore, ma è ricetto di qualunque colore; e per la quarta di questo, che dice: la superficie d'ogni corpo partecipa del colore del suo obietto, egli è necessario che quella parte della superficie bianca partecipi del colore dell'aria suo obietto.

QUAL COLORE FARÀ OMBRA PIÚ NERA

Quell'ombra parteciperà piú del nero, che si genererà in piú bianca superficie, e questo avrà maggior proporzione di varietà[1] che nessun'altra superficie; e questo nasce perché il bianco non è connumerato infra i colori, ed è ricettivo d'ogni colore, e la superficie sua partecipa piú intensamente de' colori de' suoi obietti che nessun'altra superficie di qualunque colore, e massime del suo retto contrario, che è il nero o altri colori oscuri, dal quale il bianco è piú remoto per natura; e per questo pare ed è gran differenza dalle sue ombre principali ai lumi principali.

NOTE

[1] Nell'edizione romana, 1817: "propensione alla varietà."

DEL COLORE CHE NON MOSTRA VARIETÀ IN VARIE GROSSEZZE D'ARIA

Possibile è che un medesimo colore non faccia mutazione in varie distanze, e questo accadrà quando la proporzione delle grossezze dell'aria e le proporzioni delle distanze che avranno i colori dall'occhio sia una medesima, ma conversa. Provasi: a sia l'occhio, h sia un colore qual tu vuoi, posto in un grado di distanza remoto dall'occhio, in aria di quattro gradi di grossezza; ma perché il secondo grado di sopra amnl ha la metà piú sottile, l'aria portando in essa il medesimo colore, è necessario che tal colore sia il doppio piú remoto dall'occhio che non era prima; adunque porremo i due gradi af ed fg discosto dall'occhio, e sarà il colore g; il quale poi alzando nel grado di doppia sottilità alla seconda manl, che sarà il grado ompn, egli è necessario che sia posto nell'altezza e, e sarà distante dall'occhio tutta la linea ae, la quale si prova valere in grossezza d'aria quanto la distanza ag, e provasi cosí: se ag, distanza interposta da una medesima aria infra l'occhio e il colore, occupa due gradi e mezzo,[1] questa distanza è sufficiente a fare che il colore g alzato in e non varii di sua potenza, perché il grado ac e il grado af, essendo una medesima grossezza d'aria, sono simili ed eguali, ed il grado cd, benché sia eguale in lunghezza al grado fg, non è simile in grossezza d'aria, perché gli è mezzo nell'aria di doppia grossezza all'aria di sopra, della quale un mezzo grado di distanza occupa tanto il colore, quanto si faccia un grado intero dell'aria di sopra, che è il doppio piú sottile che l'aria che gli confina di sotto. Adunque, calcolando prima le grossezze dell'aria e poi le distanze, tu vedrai che i colori variati di sito non avranno mutato di bellezza; e diremo cosí per la calcolazione della grossezza dell'aria il colore h è posto in quattro gradi di grossezza d'aria; g colore è posto in aria di due gradi di grossezza; e colore si trova in aria di primo grado di grossezza. Ora vediamo se le distanze sono in proporzione eguale, ma conversa. Il colore e si trova distante dall'occhio a due gradi e mezzo di distanza; il g due gradi, l' h un grado; questa distanza non si scontra con la proporzione della grossezza; ma è necessario fare una terza calcolazione, e quest'è che ti bisogna dire: il grado ac, come fu detto di sopra, è simile ed eguale al grado af, ed il mezzo grado cd è simile ma non eguale al grado ac, perché è un mezzo grado di lunghezza, il quale vale un grado intero dell'aria di sopra.[2] Adunque la calcolazione trovata satisfa al proposito, perché ac vale due gradi di grossezza dell'aria di sopra ed il mezzo grado cd ne vale uno intero d'essa aria di sopra, cosicché abbiamo tre gradi in valuta d'essa grossezza di sopra ed uno ve n'è dentro, cioè be[3] esso quarto. Seguita: ah ha quattro gradi di grossezza d'aria; ag ne ha ancora quattro, cioè af ne ha due ed fg due altri, che fan quattro; ae ne ha ancora quattro, perché ac ne tiene due ed uno cd, che è la metà di ac e di quella medesima aria, ed uno intero ne è di sopra nell'aria sottile, che fa quattro. Adunque, se la distanza ae non è dupla dalla distanza ag, né quadrupla dalla distanza ah, essa è restaurata dal cd, mezzo grado d'aria grossa, che vale un grado intero dell'aria piú sottile che gli sta di sopra. E cosí è concluso il nostro proposito, cioè che il colore hge non si varia per varie distanze.

NOTE

[1] Nell' edizione viennese: "se ag distanza interposta infra l' occhio e il colore è d' una medesima aria ed occupa due gradi, e il colore è alzato nella distanza di due gradi e mezzo."
[2] Nel codice seguono le parole : "la quale è posta.... la sottilità all' aria di sotto."
[3] Nel codice : de.

DELLA PROSPETTIVA DE' COLORI

D'un medesimo colore posto in varie distanze ed eguali altezze, tale sarà la proporzione del suo rischiaramento, quale sarà quella delle distanze che ciascuno di essi colori ha dall'occhio che li vede. Provasi, e sia che ebcd sia un medesimo colore; il primo, e, sia posto due gradi di distanza dall'occhio a; il secondo, che è b, sia discosto quattro gradi; il terzo, che è c, sia sei gradi; il quarto, che è d, sia otto gradi, come mostrano le definizioni de' circoli che si tagliano sulla linea, come si vede sopra la linea ar; dipoi arsp sia un grado d'aria sottile; sp e t sia un grado d'aria più grossa: seguirà che il primo colore e passerà all'occhio per un grado d'aria grossa, es, e per un grado d'aria men grossa sa, ed il colore b manderà la sua similitudine all'occhio a per due gradi d'aria grossa, e per due della men grossa; ed il c la manderà per tre della grossa e per tre della men grossa; ed il colore d per quattro della grossa e per quattro della men grossa. E così abbiamo provato qui tale essere la proporzione delle diminuzioni de' colori, o vuoi dire perdimenti, quale è quella delle loro distanze dall'occhio che li vede; e questo solo accade ne' colori che sono d'eguale altezza, perché in quei che sono di altezze ineguali non si osserva la medesima regola, per esser loro in arie di varie grossezze, che fanno varie occupazioni ad essi colori.

DEL COLORE CHE NON SI MUTA IN VARIE GROSSEZZE D'ARIA

Non si muterà il colore posto in diverse grossezze d'aria, quando sarà tanto più remoto dall'occhio l'uno che l'altro. Provasi così: se la prima aria bassa ha quattro gradi di grossezza, ed il colore sia distante un grado dall'occhio, e la seconda aria più alta abbia tre gradi di grossezza, ché ha perso un grado, fa che il colore acquisti un grado di distanza;[1] e quando l'aria più alta ha perso due gradi di grossezza, ed il colore ha acquistato due gradi di distanza, allora tale è il primo colore qual è il terzo: e per abbreviare, se il colore s'innalza tanto ch'entri nell'aria, che abbia perso tre gradi di grossezza, ed il colore s'è discostato tre gradi di distanza, allora tu ti puoi render certo che tal perdita di colore ha fatto il colore alto e remoto, quanto il colore basso e vicino; perché se l'aria alta ha perduto i tre quarti della grossezza dell'aria bassa, il colore nell'alzarsi ha acquistato i tre quarti di tutta la distanza, per la quale esso si trova remoto dall'occhio. E cosí abbiamo provato l'intento nostro.

NOTE

[1] Nell'edizione viennese: "un grado e un terzo di distanza."

SE I COLORI VARÎ POSSONO PARERE DI UNA UNIFORME OSCURITÀ MEDIANTE UNA MEDESIMA OMBRA

Possibile è che tutte le varietà de' colori d'una medesima ombra paiano tramutate nel colore d'essa ombra. Questo si manifesta nelle tenebre della notte nubilosa, nella quale nessuna figura o colore di corpo si comprende; e perché tenebre altro non sono che privazione di luce incidente o riflessa, mediante la quale tutte le figure ed i colori de' corpi si comprendono, egli è necessario che, tolta integralmente la causa della luce, manchi l'effetto e la cognizione de' colori e delle figure dei predetti corpi.

DELLA CAUSA DE' PERDIMENTI DE' COLORI E FIGURE DE' CORPI MEDIANTE LE TENEBRE CHE PAIONO E NON SONO

Molti sono i siti in sé illuminati e chiari che si dimostrano tenebrosi ed al tutto privati di qualunque varietà di colori e figure delle cose che in essi si trovano: questo avviene per causa della luce dell'aria illuminata che infra le cose vedute e l'occhio s'interpone, come si vede dentro alle finestre che sono remote dall'occhio, nelle quali solo si comprende una uniforme oscurità assai tenebrosa; e se tu entrerai poi dentro a essa casa, tu vedrai quelle essere in sé forte illuminate, e potrai speditamente comprendere ogni minima parte di qualunque cosa dentro a tal finestra che trovar si potesse. E questa tal dimostrazione nasce per difetto dell'occhio, il quale, vinto dalla soverchia luce dell'aria, ristringe assai la grandezza della sua pupilla, e per questo manca assai della sua potenza: e ne' luoghi piú oscuri la pupilla si allarga, e tanto cresce di potenza, quanto essa acquista di grandezza, com'è provato nel secondo della mia prospettiva.

COME NESSUNA COSA MOSTRA IL SUO VERO COLORE, SE ESSA NON HA LUME DA UN ALTRO SIMIL COLORE

Nessuna cosa dimostrerà mai il suo proprio colore se il lume che l'illumina non è in tutto d'esso colore. Quello che è qui detto si manifesta ne' colori de' panni, de' quali le pieghe illuminate, che riflettono o danno lume alle contrapposte pieghe, gli fanno dimostrare il loro vero colore. Il medesimo fanno le foglie dell'oro nel dar lume l'una all'altra, ed il contrariò fa da pigliar lume da un altro colore.

DE' COLORI CHE SI DIMOSTRANO VARIARE DAL LORO ESSERE MEDIANTE I PARAGONI DE' LORO CAMPI

Nessun termine di colore uniforme si dimostrerà essere eguale se non termina in campo di colore simile ad esso. Questo si vede manifesto quando il nero termina col bianco e il bianco col nero, che ciascun colore pare piú nobile ne' confini del suo contrario che non parrà nel suo mezzo.

DELLA MUTAZIONE DE' COLORI TRASPARENTI DATI O MISTI SOPRA DIVERSI COLORI CON LA LORO DIVERSA RELAZIONE

Quando un colore trasparente è sopra un altro colore variato da quello, si compone un color misto diverso da ciascuno de' semplici che lo compongono. Questo si vede nel fumo che esce dal camino, il quale quando è a riscontro al nero d'esso camino si fa azzurro, e quando s'innalza a riscontro dell'azzurro dell'aria pare berettino o rosseggiante. E cosí il paonazzo dato sopra l'azzurro si fa di color di viola; e quando l'azzurro sarà dato sopra il giallo, egli si farà verde; ed il croco sopra il bianco fa giallo; ed il chiaro sopra l'oscurità fa azzurro, tanto piú bello, quanto il chiaro e l'oscuro saranno piú eccellenti.

NOTE

[1] Nel codice "velazione."

QUAL PARTE DI UN MEDESIMO COLORE SI DIMOSTRA PIÚ BELLA IN PITTURA

Qui è da notare qual parte d'un medesimo colore si mostra piú bella in pittura, o quella che ha il lustro, o quella che ha il lume, o quella delle ombre mezzane, o quella delle oscure, ovvero in trasparenza. Qui bisogna intendere che colore è quello che si dimanda, perché diversi colori hanno le loro bellezze in diversa parte di se medesimi; e questo ci mostra il nero con aver la bellezza nelle ombre, il bianco nel lume, l'azzurro verde e tané nelle ombre mezzane, il giallo e rosso ne' lumi, l'oro ne' riflessi e la lacca nelle ombre mezzane.

COME OGNI COLORE CHE NON LUSTRA È PIÚ BELLO NELLE SUE PARTI LUMINOSE CHE NELLE OMBROSE

Ogni colore è piú bello nella sua parte illuminata che nell'ombrosa; e questo nasce, che il lume vivifica e dà vera notizia della qualità de' colori, e l'ombra ammorza ed oscura la medesima bellezza, ed impedisce la notizia d'esso colore; e se per il contrario il nero è piú bello nelle ombre che ne' lumi, si risponde che il nero non è colore, né anco il bianco.

DELL'EVIDENZA DE' COLORI

Quella cosa che è piú chiara piú apparisce di lontano, e la piú oscura fa il contrario.

QUAL PARTE DEL COLORE RAGIONEVOLMENTE DEVE ESSER PIÚ BELLA

Se a sarà il lume, b sarà l'illuminato per linea da esso lume; c, che non può vedere esso lume, vede solo la parte illuminata, la qual parte diciamo che sia rossa; essendo cosí, il lume che si genera alla parte somiglierà alla sua cagione, e tingerà in rosso la faccia c; e se c sarà ancora esso rosso, vedrai essere molto piú bello che b; e se c fosse giallo, vedrai crearsi un color cangiante infra giallo e rosso.

COME IL BELLO DEL COLORE DEV'ESSERE NE' LUMI

Se noi vediamo la qualità de' colori esser conosciuta mediante il lume, è da giudicare che, dove è piú lume, quivi si vegga piú la vera qualità del colore illuminato, e dove è piú tenebre, il colore tingersi nel colore d'esse tenebre. Adunque tu, pittore, ricordati di mostrare la verità de' colori sulle parti illuminate.

DEL COLOR VERDE FATTO DALLA RUGGINE DI RAME

Del verde fatto dal rame, ancoraché tal colore sia messo a olio, se ne va in fumo la bellezza, s'esso non è subito inverniciato; e non solamente se ne va in fumo, ma s'esso sarà lavato con la spugna bagnata di semplice acqua comune, si leverà dalla tavola dove è dipinto, e massimamente se il tempo sarà umido; e questo nasce perché tal verderame è fatto per forza di sale, il qual sale con facilità si risolve ne' tempi piovosi, e massimamente essendo bagnato e lavato con la predetta spugna.

AUMENTAZIONE DI BELLEZZA NEL VERDERAME

Se sarà misto col verderame l'aloe camellino, esso verderame acquisterà gran bellezza, e piú ne acquisterebbe col zafferano, se non se ne andasse in fumo. E di questo aloe camellino si conosce la bontà quando esso si scioglie nell'acquavite, essendo calda, che meglio lo scioglie che quando essa è fredda. E se tu avessi finito un'opera con esso verde semplice, e poi la velassi sottilmente con esso aloe sciolto in acqua, allora essa opera si farebbe di bellissimo colore: ed ancora esso aloe si può macinare a olio per sé, ed ancora insieme col verderame, e con ogni altro colore che ti piacesse.

DELLA MISTIONE DE' COLORI L'UNO CON L'ALTRO, LA QUAL MISTIONE SI ESTENDE VERSO L'INFINITO

Ancoraché la mistione de' colori l'uno con l'altro si estenda verso l'infinito, non resterò per questo che io non ne faccia un poco di discorso. Ponendo prima alquanti colori semplici, con ciascuno di quelli mescolerò ciascuno degli altri a uno a uno, e poi a due a due ed a tre a tre, cosí seguitando insino all'intero numero di tutti i colori. Poi ricomincierò a mischiare i colori a due con due ed a tre con due, e poi a quattro, cosí seguitando insino al fine, sopra essi primi due colori. E poi ne metterò tre, e con essi tre accompagnerò altri tre, e poi sei, e cosí seguiterò tal mistione in tutte le proporzioni. Colori semplici domando quelli che non sono composti, né si possono comporre per via di mistione d'altri colori. Nero, bianco, benché questi non sono messi fra' colori, perché l'uno è tenebre, l'altro è luce, cioè l'uno è privazione e l'altro è generativo, io non li voglio per questo lasciare indietro, perché in pittura sono i principali, conciossiaché la pittura sia composta d'ombre e di lumi, cioè di chiaro e oscuro. Dopo il nero e il bianco seguita l'azzurro e il giallo, poi il verde e il leonino, cioè tané, o vuoi dire ocra; dipoi il morello ed il rosso; e questi sono otto colori, e piú non ve n'è in natura, de' quali io comincio le mistioni; e sia primo nero e bianco; di poi nero e giallo, e nero e rosso; di poi giallo e nero, e giallo e rosso; e perché qui mi manca carta, lascierò a fare tal distinzione nella mia opera con lungo processo; il quale sarà di grande utilità, anzi necessarissimo; e questa tal descrizione s'intermetterà infra la teorica e la pratica della pittura.

DELLA SUPERFICIE D'OGNI CORPO OMBROSO

La superficie d'ogni corpo ombroso partecipa del colore del suo obietto. Questo dimostrano i corpi ombrosi con certezza, conciossiaché nessuno de' predetti corpi mostra la sua figura o colore, se il mezzo interposto fra il corpo ed il luminoso non è illuminato. Diremo dunque che il corpo opaco sia giallo, ed il luminoso sia azzurro; dico che la parte illuminata sarà verde, il qual verde si compone di giallo e d'azzurro.

QUAL È LA SUPERFICIE PIÚ RICETTIVA DI COLORI

Il bianco è piú ricettivo di qualunque colore che nessun'altra superficie di qualunque corpo che non è specchiato. Provasi dicendo che ogni corpo vacuo è capace di ricevere quello che non possono ricevere i corpi che non sono vacui; diremo per questo che il bianco è vacuo, o vuoi dire privo di qualunque colore; essendo esso illuminato dal colore di qualunque luminoso, partecipa piú d'esso luminoso che non farebbe il nero, il quale è ad uso di vaso rotto, che è privo d'ogni capacità di qualunque cosa.

QUAL PARTE DEL CORPO SI TINGERÀ PIÚ DEL COLORE DEL SUO OBIETTO

La superficie d'ogni corpo parteciperà piú intensamente del colore di quell'obietto, il quale gli sarà piú vicino. Questo accade perché l'obietto vicino occupa piú moltitudine di varietà di specie, la quale, venendo ad essa superficie de' corpi, corromperebbe la superficie di tale obietto, il che non farebbe se tal colore fosse remoto: ed occupando tale specie, esso colore dimostra piú integralmente la sua natura in esso corpo opaco.

QUAL PARTE DELLA SUPERFICIE DE' CORPI SI DIMOSTRERÀ DI PIÚ BEL COLORE

La superficie di quell'opaco si dimostrerà di piú perfetto colore, la quale avrà per vicino obietto un colore simile al suo.

DELLE INCARNAZIONI DE' VOLTI

Quel colore de' corpi piú si conserva in lunga distanza che sarà di maggior quantità. Questa proposizione ci mostra che il viso si faccia oscuro nelle distanze, perché l'ombra è la maggior parte che abbia il volto, ed i lumi sono minimi, e però mancano in breve distanza: e minimissimi sono i loro lustri, e questa è la causa che, restando la parte piú oscura, il viso si faccia o si dimostri oscuro; e tanto piú parrà trarre il nero, quanto tal viso avrà in dosso o in testa cosa piú bianca.

MODO PER RITRARRE DI RILIEVO E PREPARARE LA CARTA PER QUESTO

I pittori, per ritrarre le cose di rilievo, debbono tingere le superficie delle carte di mezzana oscurità e poi dare le ombre piú oscure, ed in ultimo i lumi principali in piccol luogo, i quali son quelli che in piccola distanza sono i primi che si perdono all'occhio.

DELLA VARIETÀ DI UN MEDESIMO COLORE IN VARIE DISTANZE DALL'OCCHIO

Infra i colori della medesima natura, quello manco si varia che meno si rimuove dall'occhio. Provasi, perché l'aria che s'interpone infra l'occhio e la cosa veduta occupa alquanto la detta cosa: e se l'aria interposta sarà di gran somma, allora la cosa veduta si tingerà forte del colore di tal aria, e se tale aria sarà di sottile quantità, allora l'obietto sarà poco impedito.

DELLA VERDURA VEDUTA IN CAMPAGNA

Della verdura delle campagne di pari qualità, quella parrà essere piú oscura che sarà nelle piante degli alberi, e piú chiara si dimostrerà quella de' prati.

QUAL VERDURA PARRÀ PARTECIPARE PIÚ D'AZZURRO

Quelle verdure si dimostreranno partecipare piú d'azzurro, le quali saranno di piú oscura ombrosità; e questo si prova per la settima, che dice che l'azzurro si compone di chiaro e d'oscuro in lunghe distanze.

QUAL È QUELLA SUPERFICIE CHE MENO CHE LE ALTRE DIMOSTRA IL SUO VERO COLORE

Quella superficie mostrerà meno il suo vero colore, la quale sarà piú tersa e pulita. Questo vediamo nelle erbe de' prati e nelle foglie degli alberi, le quali, essendo di pulita e lustra superficie, pigliano il lustro nel quale si specchia il sole o l'aria che le illumina, e cosí in quella parte del lustro sono private del loro natural colore.

QUAL CORPO TI MOSTRERÀ PIÚ IL SUO VERO COLORE

Quel corpo piú dimostrerà il suo vero colore, del quale la superficie sarà men pulita e piana. Questo si vede ne' pannilini e nelle foglie delle erbe ed alberi che sono pelose, nelle quali alcun lustro si può generare, onde per necessità, non potendo specchiare gli obietti, solo rendono all'occhio il loro vero colore e naturale, non essendo quello corrotto da alcun corpo che li illumini con un colore opposto, come quello del rossore del sole quando tramonta e tinge i nuvoli del suo proprio colore.

DELLA CHIAREZZA DE' PAESI

Mai i colori e vivacità e chiarezza de' paesi dipinti avranno conformità con i paesi naturali illuminati dal sole, se essi paesi dipinti non saranno illuminati da esso sole.

PROSPETTIVA COMUNE, E DELLA DIMINUZIONE DE' COLORI IN LUNGA DISTANZA

L'aria è tanto meno partecipante del colore azzurro, quanto essa è piú vicina all'orizzonte, e tanto piú oscura, quanto essa dall'orizzonte è piú remota. Questo si prova per la terza del nono, che mostra che quel corpo sarà manco illuminato dal sole il quale sarà di qualità piú rara. Adunque il fuoco, elemento che veste l'aria, per esser esso piú raro e piú sottile che l'aria, manco ci occupa le tenebre, che son sopra di lui, che non fa essa aria: e per conseguenza l'aria, corpo men raro che il fuoco, piú s'illumina dai raggi solari che la penetrano, illuminando la infinità degli atomi, che per essa s'infondono, e si rende chiara ai nostri occhi; onde, penetrando per essa aria le specie delle sopradette tenebre, di necessità fa che essa bianchezza d'aria ci pare azzurra, com'è provato nella terza del decimo; e tanto ci parrà di azzurro piú chiaro, quanto fra esse tenebre e gli occhi nostri s'interporrà maggior grossezza d'aria. Come se l'occhio di chi la considera fosse in p e riguardasse sopra di sé la grossezza dell'aria pr, poi, declinando alquanto, l'occhio vedesse l'aria per la linea ps, la quale gli parrà piú chiara, per esser maggior grossezza d'aria per la linea ps che per la linea pr; e se tal occhio s'inclina all'orizzonte, vedrà l'aria quasi al tutto privata d'azzurro; la qual cosa seguita, perché la linea del vedere penetra molto maggior somma d'aria per la rettitudine pd che per l'obliqua ps. E cosí s'è persuaso il nostro intento.

DELLE COSE SPECCHIATE NELLE ACQUE DE' PAESI, E PRIMA DELL'ARIA

Quell'aria sola sarà quella che darà di sé simulacro nella superficie dell'acqua, la quale rifletterà dalla superficie dell'acqua all'occhio infra angoli eguali, cioè che l'angolo dell'incidenza sia eguale all'angolo della riflessione.

DIMINUZIONE DE' COLORI PEL MEZZO INTERPOSTO INFRA LORO E L'OCCHIO

Tanto meno dimostrerà la cosa visibile del suo natural colore, quanto il mezzo interposto fra essa e l'occhio sarà di maggior grossezza.

DE' CAMPI CHE SI CONVENGONO ALLE OMBRE ED AI LUMI

I campi che si convengono ai termini illuminati od ombrati di qualunque colore, quelli faranno piú separazione l'uno dall'altro, i quali saranno piú varî, cioè che un colore oscuro non deve terminare in altro colore oscuro, ma molto vario: cioè bianco o partecipante di bianco, e similmente il colore bianco non terminare mai in campo bianco, ma quanto puoi oscuro o traente all'oscuro.

COME SI DEVE RIPARARE QUANDO IL BIANCO TERMINA IN BIANCO O L'OSCURO IN OSCURO

Quando il colore d'un corpo bianco s'abbatte a terminare in campo bianco, allora o i bianchi saranno eguali, o no: e se saranno eguali, allora quello che ti è piú vicino si farà alquanto oscuro nel termine che egli fa con esso bianco: e se tal campo sarà men bianco che il colore che in lui campeggia, allora il campeggiante spiccherà per se medesimo dal suo differente senza altro aiuto di termine oscuro.

DELLA NATURA DE' COLORI DE' CAMPI SOPRA I QUALI CAMPEGGIA IL BIANCO

La cosa bianca si dimostrerà piú bianca se sarà in campo piú oscuro, e si dimostrerà piú oscura se sarà in campo piú bianco; e questo ci ha insegnato il fioccar della neve, la quale, quando noi la vediamo nel campo dell'aria, ci pare oscura, e quando noi la vediamo in campo d'alcuna finestra aperta, per la quale si veda l'oscurità dell'ombra di essa casa, allora essa neve si mostrerà bianchissima; e la neve d'appresso ci pare veloce, e la remota tarda; e la neve vicina ci pare di continua quantità, ad uso di bianche corde, e la remota ci pare discontinuata.

DE' CAMPI DELLE FIGURE

Delle cose d'egual chiarezza, quella si dimostrerà di minor chiarezza, la quale sarà veduta in campo di maggior bianchezza; e quella parrà piú bianca, che campeggerà in spazio piú oscuro; e l'incarnata parrà pallida in campo rosso, e la pallida parrà rosseggiante essendo veduta in campo giallo; e similmente i colori saranno giudicati quello che non sono mediante i campi che li circondano.

DE' CAMPI DELLE COSE DIPINTE

Di grandissima dignità è il discorso de' campi, ne' quali campeggiano i corpi opachi vestiti d'ombre e di lumi, perché a quelli si conviene avere le parti illuminate ne' campi oscuri, e le parti oscure nei campi chiari, siccome in parte in margine ho dimostrato.

DI QUELLI CHE IN CAMPAGNA FINGONO LA COSA PIÚ REMOTA FARSI PIÚ OSCURA

Molti sono che in campagna aperta fanno le figure tanto piú oscure quanto esse sono piú remote dall'occhio; la qual cosa è in contrario, se già la cosa imitata non fosse bianca, perché allora accadrebbe quello che di sotto si propone.

DE' COLORI DELLE COSE REMOTE DALL'OCCHIO

L'aria tinge piú gli obietti che essa separa dall'occhio del suo colore, quanto essa sarà di maggior grossezza. Adunque, avendo l'aria diviso un obietto oscuro con grossezza di due miglia, essa lo tinge piú che quella che ha la grossezza di un miglio. Risponde qui l'avversario e dice che i paesi hanno gli alberi di una medesima specie piú oscuri da lontano che d'appresso, la qual cosa non è vera se le piante saranno eguali e divise da spazi; ma sarà ben vera se i primi alberi saranno rari, e vedrassi la chiarezza de' prati che li dividono, e gli ultimi saranno spessi, come accade nelle rive e vicinità de' fiumi, che allora non si vedono spazi di chiare praterie, ma tutti insieme congiunti, facendo ombra l'uno sopra l'altro. Ancora accade che molto maggiore è la parte ombrosa delle piante che la luminosa, e per le specie che manda di sé essa pianta all'occhio, si mischiano in lunga distanza, ed il colore oscuro che si trova in maggior quantità piú mantiene le sue specie che la parte meno oscura; e cosí esso misto porta seco la parte piú potente in piú lunga distanza.

GRADI DI PITTURA

Non è sempre buono quel che è bello; e questo dico per quei pittori che amano tanto la bellezza de' colori, che non senza gran coscienza danno lor debolissime e quasi insensibili ombre, non stimando il loro rilievo. Ed in questo errore sono i belli parlatori senza alcuna sentenza.

DELLO SPECCHIAMENTO E COLORE DELL'ACQUA DEL MARE VEDUTO DA DIVERSI ASPETTI

Il mare ondeggiante non ha colore universale, ma chi lo vede da terraferma, lo vede di colore oscuro, e tanto piú oscuro quant'esso è piú vicino all'orizzonte, e vi vede alcun chiarore, ovvero lustri, che si muovono con tardità ad uso di pecore bianche negli armenti; e chi vede il mare stando in alto mare lo vede azzurro; e questo nasce perché da terra il mare pare oscuro, perché tu vedi in esso le onde che specchiano l'oscurità della terra, e da alto mare paiono azzurre, perché tu vedi nelle onde l'aria azzurra da tali onde specchiata.

DELLA NATURA DE' PARAGONI

I vestimenti neri fanno parer le carni de' simulacri umani piú bianche che non sono, e i vestimenti bianchi fanno parere le carni oscure, ed i vestimenti gialli le fanno parere colorite, e le vesti rosse le dimostrano pallide.

DEL COLORE DELL'OMBRA DI QUALUNQUE CORPO

Mai il colore dell'ombra di qualunque corpo non sarà vera né propria ombra, se l'obietto ch'essa adombra non è del colore del corpo da esso ombrato. Diremo, per esempio, che io abbia un'abitazione della quale le pareti sieno verdi; dico: se in tal luogo sarà veduto l'azzurro, il quale sia illuminato dalla chiarezza dell'azzurro dell'aria, allora tal parete illuminata sarà di bellissimo azzurro, e l'ombra sarà brutta, e non vera ombra di tal bellezza d'azzurro, perché si corrompe per il verde che in lui riverbera; e peggio sarebbe se tal parete fosse di tanè.

DELLA PROSPETTIVA DE' COLORI NE' LUOGHI OSCURI

Ne' luoghi luminosi uniformemente difformi insino alle tenebre, quel colore sarà piú oscuro, che da esso occhio sarà piú remoto.

PROSPETTIVA DE' COLORI

I primi colori debbono esser semplici, ed i gradi della loro diminuzione insieme con i gradi delle distanze si debbono convenire, cioè che le grandezze delle cose parteciperanno piú della natura del punto, quanto esse gli saran piú vicine, ed i colori han tanto piú a partecipare del colore del suo orizzonte, quanto essi a quello son piú propinqui.

DE' COLORI

Il colore che si trova infra la parte ombrosa e l'illuminata de' corpi ombrosi sarà di minor bellezza che quello che sarà interamente illuminato; adunque la prima bellezza de' colori sarà ne' principali lumi.

DA CHE NASCE L'AZZURRO DELL'ARIA

L'azzurro dell'aria nasce dalla grossezza del corpo dell'aria illuminata, interposta fra le tenebre superiori e la terra. L'aria per sé non ha qualità d'odore, o di sapore, o di colore, ma in sé piglia le similitudini delle cose che dopo essa sono collocate, e tanto sarà di piú bell'azzurro quanto dietro ad essa saranno maggiori tenebre, non essendo essa di troppo spazio, né di troppa grossezza d'umidità; e vedesi ne' monti che hanno piú ombre esser piú bell'azzurro nelle lunghe distanze, e cosí dove è piú illuminato, mostrare piú il colore del monte che dell'azzurro appiccatogli dall'aria che infra lui e l'occhio s'interpone.

DE' COLORI

Infra i colori che non sono azzurri, quello in lunga distanza parteciperà piú d'azzurro, il quale sarà piú vicino al nero, e cosí di converso si manterrà per lunga distanza nel suo proprio colore quello il quale sarà piú dissimile al detto nero. Adunque il verde delle campagne si trasmuterà piú nell'azzurro che non fa il giallo o il bianco; e cosí di converso il giallo e il bianco si trasmuteranno meno che il verde ed il rosso.

DE' COLORI

I colori posti nelle ombre parteciperanno tanto piú o meno della loro natural bellezza, quanto essi saranno in maggiore o minore oscurità. Ma se i colori saranno situati in spazio luminoso, allora essi si mostreranno di tanto maggior bellezza quanto il luminoso sarà di maggior splendore. - Avversario: Tante sono le varietà de' colori delle ombre, quante sono le varietà de' colori delle cose adombrate. - Risposta: I colori posti nelle ombre mostreranno infra loro tanto minor varietà quanto le ombre che vi sono situate saranno piú oscure, e di questo ne son testimoni quelli che dalle piazze guardano dentro le porte de' tempî ombrosi, dove le pitture vestite di varî colori appariscono tuttora vestite di tenebre.

DE' CAMPI DELLE FIGURE DE' CORPI DIPINTI

Il campo che circonda le figure di qualunque cosa dipinta deve essere piú oscuro che la parte illuminata d'esse figure, e piú chiaro che la loro parte ombrosa.

PERCHÉ IL BIANCO NON È COLORE

Il bianco non è colore, ma è in potenza ricettiva d'ogni colore. Quando esso è in campagna alta, tutte le sue ombre sono azzurre, e questo nasce per la quarta, che dice: la superficie d'ogni corpo opaco partecipa del colore del suo obietto. Adunque tal bianco essendo privato del lume del sole per interposizione di qualche obietto inframmesso fra il sole ed esso bianco, resta tutto il bianco, che vede il sole e l'aria partecipante del colore del sole e dell'aria, e quella parte che non è veduta dal sole[1] resta ombrosa partecipante del colore dell'aria; e se tal bianco non vedesse la verdura della campagna insino all'orizzonte, né ancora vedesse la bianchezza di tale orizzonte, senza dubbio esso bianco parrebbe essere del semplice colore del quale si mostra essere l'aria.

NOTE

[1] Nel codice: "che non è del sole."

DE' COLORI

Il lume del fuoco tinge ogni cosa in giallo; ma questo non apparirà esser vero, se non al paragone di cose illuminate dall'aria; e questo paragone si potrà vedere vicino al fine della giornata, o sí veramente dopo l'aurora, ed ancora dove, in una stanza oscura, dia sopra l'obietto uno spiracolo d'aria, ed ancora uno spiracolo di lume di candela, ed in tal luogo certamente saran vedute chiare e spedite le loro differenze. Ma senza tal paragone mai non sarà conosciuta la lor differenza, salvo ne' colori che han piú similitudine, ma saran conosciuti, come bianco da giallo chiaro, verde dall'azzurro; perché, galleggiando il lume che illumina l'azzurro, è come mischiare insieme azzurro e giallo, i quali compongono un bel verde; e se mischi poi giallo con verde, esso si fa piú bello.

DE' COLORI DE' LUMI INCIDENTI E RIFLESSI

Quando due lumi mettono in mezzo a sé il corpo ombroso, non possono variarsi se non in due modi, cioè, o essi saranno d'egual potenza, o saranno ineguali, cioè parlando de' lumi infra loro: e se saranno eguali, essi potranno variare in due altri modi il loro splendore sopra l'obietto, cioè con eguale splendore, o con disuguale: eguale sarà quando saranno in eguale distanza; disuguali nelle disuguali distanze. In eguale distanza si varieranno in due altri modi, cioè meno sarà l'obietto illuminato da eguali lumi in splendore, ed in distanza i lumi eguali in potenza ed eguali in distanza dall'obietto opposto. L'obietto situato con egal distanza fra due lumi, cioè eguali in colore ed in splendore, può essere illuminato da essi lumi in due modi, o egualmente d'ogni parte, o disugualmente. Egualmente sarà da essi lumi illuminato, quando lo spazio che resta intorno ai due lumi sarà d'egal colore e oscurità o chiarezza; disuguale sarà, quando essi spazi intorno ai due lumi saranno varî in oscurità.

DE' COLORI DELLE OMBRE

Spesse volte accade le ombre ne' corpi ombrosi non esser compagne de' colori ne' lumi, o saran verdeggianti le ombre, ed i lumi rosseggianti, ancoraché il corpo sia di colore eguale. Questo accade che il lume verrà da oriente sopra l'obietto, ed illuminerà l'obietto del colore del suo splendore, e da occidente sarà un altro obietto del medesimo lume illuminato, il quale sarà d'altro colore che il primo obietto, onde con i suoi raggi riflessi risalta verso levante e percuote con i suoi raggi nella parte del primo obietto a lui volta e gli si tagliano i suoi raggi e rimangono fermi insieme con il loro colore e splendore. Io ho spesse volte veduto a un obietto bianco i lumi rossi e le ombre azzurreggianti; e questo accade nelle montagne di neve, quando il sole tramonta e l'orizzonte si mostra infuocato.

DELLE COSE POSTE IN CAMPO CHIARO, E PERCHÉ TAL USO È UTILE IN PITTURA

Quando il corpo ombroso terminerà in campo di color chiaro e illuminato, allora per necessità parrà spiccato e remoto da esso campo. Quel che è detto accade perché i corpi di curva superficie per necessità si fanno ombrosi nella parte opposta donde non sono percossi dai raggi luminosi, per esser tal luogo privato di tali raggi; per la qual cosa molto si varia dal campo; e la parte d'esso corpo illuminata non termina mai in esso campo illuminato con la sua prima chiarezza, anzi, fra il campo ed il primo lume del corpo s'interpone un termine del corpo, che è più oscuro, del campo, o del lume del corpo rispettivo.

DE' CAMPI

De' campi delle figure, cioè la chiara nell'oscuro, e l'oscura nel campo chiaro, del bianco col nero, o nero col bianco, pare più potente l'uno per l'altro, e così i contrari l'uno per l'altro si mostrano sempre più potenti.

DE' COLORI

I colori che si convengono insieme sono il verde col rosso, o paonazzo, o biffa, e il giallo coll'azzurro.

DE' COLORI CHE RISULTANO DALLA MISTIONE D'ALTRI COLORI, I QUALI SI DIMANDANO SPECIE SECONDA

I semplici colori sono sei, de' quali il primo è bianco, benché alcuni filosofi non accettino né il bianco né il nero nel numero de' colori, perché l'uno è causa de' colori, l'altro ne è privazione. Ma pure, perché il pittore non può far senza questi, noi li metteremo nel numero degli altri, e diremo il bianco in quest'ordine essere il primo ne' semplici, il giallo il secondo, il verde il terzo, l'azzurro il quarto, il rosso il quinto, il nero il sesto; ed il bianco metteremo per la luce senza la quale nessun colore veder si può, ed il giallo per la terra, il verde per l'acqua, l'azzurro per l'aria, ed il rosso per il fuoco, ed il nero per le tenebre, che stan sopra l'elemento del fuoco, perché non v'è materia o grossezza dove i raggi del sole abbiano a percuotere, e per conseguenza illuminare. Se vuoi con brevità vedere le varietà di tutti i colori composti, prendi de' vetri coloriti e per quelli guarda tutti i colori della campagna che dopo quelli si veggono, e cosí vedrai tutti i colori delle cose che dopo tal vetro si veggono, essere tutte miste col colore del predetto vetro, e vedrai qual sia il colore che con tal mistione s'acconci o guasti. Come: sia il predetto vetro di color giallo; dico che le specie degli obietti che per tal colore passano all'occhio possono cosí peggiorare come migliorare: e questo peggioramento in tal colore di vetro accadrà all'azzurro, al nero e al bianco sopra tutti gli altri, ed il miglioramento accadrà nel giallo e verde sopra tutti gli altri; e cosí andrai scorrendo con l'occhio le mistioni de' colori, le quali sono infinite, ed a questo modo farai elezione di nuove invenzioni di colori misti e composti; ed il medesimo si farà con due vetri di varî colori anteposti all'occhio, e cosí per te potrai seguitare.

DE' COLORI

L'azzurro ed il verde non è per sé semplice, perché l'azzurro è composto di luce e di tenebre, come è quello dell'aria, cioè nero perfettissimo e bianco candidissimo. Il verde è composto d'un semplice e d'un composto, cioè si compone d'azzurro e di giallo.

DE' COLORI SPECCHIATI SOPRA COSE LUSTRE DI VARÎ COLORI

Sempre la cosa specchiata partecipa del colore del corpo che la specchia. Lo specchio si tinge in parte del colore da esso specchiato, e partecipa tanto piú l'uno dell'altro, quanto la cosa che si specchia è piú o meno potente che il colore dello specchio. E quella cosa parrà di piú potente colore nello specchio, che piú partecipa del colore d'esso specchio.

DE' COLORI DEL CORPO

Infra i colori del corpo quello sarà veduto in maggior distanza, che sarà di piú splendida bianchezza. Adunque si vedrà in minor longinquità quello che sarà di maggiore oscurità.
Infra i corpi di egual bianchezza e distanza dall'occhio, quello si dimostrerà piú candido, che è circondato da maggiore oscurità: e per contrario quell'oscurità si dimostrerà piú tenebrosa, che sarà veduta in piú candida bianchezza.

DE' COLORI

De' colori di egual perfezione, quello si dimostrerà di maggior eccellenza
che sarà veduto in compagnia del color retto contrario. Retto contrario è il
pallido col rosso e il nero col bianco, benché né l'uno né l'altro sia colore;
azzurro e giallo come oro, verde e rosso. Ogni colore si conosce meglio nel
suo contrario che nel suo simile, come l'oscuro nel chiaro e il chiaro
nell'oscuro. Il bianco che termina con l'oscuro fa che in essi termini
l'oscuro pare piú nero ed il bianco pare piú candido.
Quella cosa che sarà veduta in aria oscura e torbida essendo bianca parrà di
maggior forma che non è. Questo accade perché, come ho detto di sopra, la
cosa chiara cresce nel campo oscuro, per le ragioni dianzi assegnate.
Il mezzo che è fra l'occhio e la cosa vista trasmuta essa cosa nel suo colore,
come: l'aria azzurra farà che le montagne lontane saranno azzurre; il vetro
rosso fa che ciò che l'occhio vede dopo di esso pare rosso; il lume che
fanno le stelle intorno ad esse è occupato per la tenebrosità della notte, che
si trova infra l'occhio e l'illuminazione d'esse stelle.

DEL VERO COLORE

Il vero colore di qualunque corpo si dimostrerà in quella parte che non sarà
occupata da alcuna qualità d'ombra, né da lustro, se sarà un corpo pulito.

DEL COLORE DELLE MONTAGNE

Quella montagna distante dall'occhio si dimostrerà di piú bell'azzurro, che
sarà da sé piú oscura; e quella sarà piú oscura, che sarà piú alta e piú
boschereccia, perché tali boschi mostrano i loro arbusti dalla parte di sotto
per essere forte alti, e la parte di sotto è scura perché non vede il cielo.
Ancora le piante selvatiche de' boschi sono in sé piú oscure che le
domestiche; molto piú oscure sono le quercie, faggi, abeti, cipressi e pini,
che non sono gli alberi d'ulivi ed altri frutti. Quella lucidità che s'interpone
infra l'occhio ed il nero, che sarà piú sottile nella gran sua cima, farà esso
nero di piú bell'azzurro, e cosí di converso; e quella pianta manco pare di
dividersi dal suo campo, che termina con un campo di colore piú simile al
suo, e cosí di converso. Quella parte del bianco parrà piú candida, che sarà
piú presso al confine del nero, e cosí parranno meno bianche quelle che piú
saranno remote da esso scuro; e quella parte del nero parrà piú oscura, che
sarà piú vicina al bianco, e cosí parrà manco oscura quella che sarà piú
remota da esso bianco.

COME IL PITTORE DEVE METTERE IN PRATICA LA

PROSPETTIVA DE' COLORI

A voler mettere in pratica questa prospettiva del variare, perdere, ovvero diminuire la propria essenza de' colori, piglierai di cento in cento braccia cose poste infra la campagna, come sono alberi, case, uomini e siti, ed in quanto al primo albero, avrai un vetro fermo bene e cosí sia fermo l'occhio tuo; ed in detto vetro disegna un albero sopra la forma di quello; di poi scostalo tanto per traverso che l'albero naturale confini quasi col tuo disegnato; poi colorisci il tuo disegno in modo che per colore e forma stia a paragone l'uno dell'altro, o che tutti due, chiudendo un occhio, paiano dipinti, e detto vetro sia d'una medesima distanza; e questa regola medesima fa degli alberi secondi e de' terzi di cento in cento braccia, di mano in mano; e questi ti servono come tuoi adiutori e maestri sempre, operando nelle tue opere, dove appartengono, e faranno bene sfuggir l'opera. Ma io trovo per regola che il secondo diminuisce quattro quinti dal primo quando fosse lontano venti braccia dal primo.

DELLA PROSPETTIVA AEREA

Evvi un'altra prospettiva, la quale chiamo aerea imperocché per la varietà dell'aria si possono conoscere le diverse distanze di varî edifici terminati ne' loro nascimenti da una sola linea, come sarebbe il veder molti edifici di là da un muro che tutti appariscono sopra l'estremità di detto muro d'una medesima grandezza, e che tu volessi in pittura far parer piú lontano l'uno che l'altro; è da figurarsi un'aria un poco grossa. Tu sai che in simil aria le ultime cose vedute in quella, come son le montagne, per la gran quantità dell'aria che si trova infra l'occhio tuo e dette montagne, queste paiono azzurre, quasi del color dell'aria, quando il sole è per levante. Adunque farai sopra il detto muro il primo edificio del suo colore; il piú lontano fàllo meno profilato e piú azzurro, e quello che tu vuoi che sia piú in là altrettanto, fàllo altrettanto piú azzurro; e quello che tu vuoi che sia cinque volte piú lontano, fàllo cinque volte piú azzurro; e questa regola farà che gli edifici che sono sopra una linea parranno d'una medesima grandezza, e chiaramente si conoscerà quale è piú distante e quale è maggiore dell'altro.